超人ソリューション
〜筋肉と向き合う哲学

心も豊かになる筋トレの法則

糸井嘉男
Itoi Yoshio

日本文芸社

はじめに

わたくし糸井嘉男は、ドミニカ人の父とキューバ人の母のあいだに生まれ、プロ野球選手として最強遺伝子を受け継いだ。

というのは、もちろん冗談。でも、パワフルな野球が魅力の中南米の国が無意識に出てしまったように、「強い肉体を持ちたい！」という願いはいつも心のどこかにあった。そういう意味で、恵まれた両親のもとに生まれたのは本当だ。

父・義人（よしと）は元トライアスロンの選手で還暦を過ぎた今でもレースに出ているし、母・千代乃（ちよの）もバレーボールの元国体選手。母方の祖父・秋夫（あきお）は体育教師だった（ちなみに教え子には名将・野村克也さんがいたそうだ）。

そんな家庭に生まれたこともあって、小さいころから体を動かすことを当たり前に求められた。自転車を買ってもらえず、どんなに遠い友達の家でも「走って行ってこい」と言われ、健気な僕は毎日何キロも走った。もちろん、運動会では一等を取らないと怒られた。

そうやって運動中心の生活を送り、恵まれた体格に成長し、そしてプロになって本格的な体づくりにも目覚めた僕は、メディアやファンのみなさんから「超人」と呼ばれるような肉体を手に入れ、それなりのプレーもやってこられた。

ちょっとだけ自慢させてもらうと、２０１４年に首位打者のタイトルを獲得し、２０１６年に盗塁王に輝いた。最高出塁率のタイトルも３回獲得している。

ベストナインは5回、ゴールデングラブ賞は7回受賞。

もう少しだけ補足すると、２００９年から２０１４年まで6年連続で打率3割、20盗塁を記録。２０１８年シーズンまでの通算打率は3割越えだ（ちなみにオールスターゲームには２００９年から２０１８年まで10年連続で出場している人気ぶり！）。

また、自分としてはやや不本意ではあるものの、現役時代は僕のインタビューなどでの発言を切り取って、〝天然〟とイジってくださっていたのも知っている。プレーだけでなく、それ以外の言動まで含め、糸井嘉男を楽しんでいただけたなら、プロ野球選手としては本望だ。

というわけで、なかなかの筋肉、わりかしの実績に加えて〝天然〟とくれば、「本能のままにプレーしている！」なんて見られがちだった僕、で・す・が…。

ここでクエスチョンです。

プロ野球という過酷な生存競争の世界で、40歳を過ぎてもなお一軍でユニフォームを着つづけられたのは、はたして本能によるものだったのでしょうか？

もちろん……そんなこと、あるはずないです！

僕は僕なりに頭を使って、いろんなことを考えてプロ野球人生を歩んできた。とくに体のことについては人一倍考えてやってきたと思っている。

では、僕がなぜ「強い肉体を持ちたい」と願い、体づくりにこだわったのかというと、プロに入ってからの挫折に関係がある。

僕は2004年に日本ハムファイターズ（当時。現北海道日本ハムファイターズ）にピッチャーとして入団した。ところがなかなか芽が出ず、3年目の2006年から野手に転向することになった。野手としては、とにかく打てなければ使ってもらえない。そう考えた僕は、まずバッティングの技術を磨こうとした。

アマチュア野球であれば、エースで四番も珍しくないわけで、僕もバッティングにはそれなりの自信はあったが、もちろんプロはそう甘くない。

結果的に僕がバッターとして覚醒したのは、転向して2年後に、あることがきっかけで筋トレを中心とした本格的な体づくり、肉体改造を行うようになってからだった。

そして、その翌年に外野手としてレギュラーの座を掴んだ。

つまり、「心・技・体」でいうと「体」と向き合ったからこそ、「技」もついてきた実感がある。

「技」だけではない、「心」も、「体」に支えられたと言える。結果が出なかったピッチャー時代や、野手転向でもがいた期間の精神的なつらさはもちろん、肉体改造をして一軍のレギュラー選手になってもプレッシャーとの戦いが待っていた。そんな不安定になりがちなメンタルを支えてくれたのが、やはり筋トレだったのだ。トレーニングを継続することを通じて前向きになれたり、気持ちにゆとりができたりして、日々平常心で野球人生を送ることができたと感じている。

シンプルに言えば、僕は自分の「体」の充実をいちばんに考えてやってきたからこそ、野球でもそれ以外でも物事がうまく回るようになった。

そして、これはアスリートだけの話ではない。みなさんだって、ケガや体調不良に見舞われたら仕事のパフォーマンスや生活の質が落ちるだろう。それで物事がうまくいかなくなれば、精神的にもよくない影響が出るはずだ。

だから僕は、誰にとっても体づくりは自分を高めるもの、人生を豊かにするものだと自信を持って言える。


そこで、言葉で表現することも、マジメに話すことも、恥ずかしくてもともと苦手なのだが、超人と呼ばれた僕もとうとうユニフォームを脱ぐことになったので、この機会にぜひ僕の「肉体哲学」をお伝えできればと思っている。

本能だけでプレーしているかのように見えた超人が、じつはこんなことを考えて野球をやっていたんだなと、見方をちょっとでも変えてもらえたら嬉しいし、みなさんがこの本をきっかけにご自身の体と向き合うようになって、よりハッピーな人生を送ってもらえるようになったら最高です！

もくじ

はじめに …… 3

第1章 体づくりに目覚めれば、新しい自分に出会える

パワーアップする …… 14
速く走れる …… 18
強い球が投げられる …… 21
姿勢がよくなる …… 25
〝限界突破力〟がつく …… 28
切り替えができる …… 31
緊張と仲よくなれる …… 34
健康でいられる …… 37
年齢に抗える …… 39
心の準備ができる …… 41
不調を察知できる …… 44
テンションが上がる …… 47
言い訳が減る …… 50
ポジティブになれる …… 53

メリハリがつく 55
継続する力がつく 58
腐らない 61
やさしくなれる 63
リーダーになれる 65
カッコよくいられる 68

第2章 超人の基礎をつくった筋トレたち

自主トレとシーズン中の筋トレ 72
自分が納得したものにこだわる 74
プロ野球界と筋トレ 75
筋トレで〝なりたい自分〟に 78
筋肉の名称 81
1 デッドリフト 82
2 スクワット 86
3 ベンチプレス 90
4 ヒップスラスト 94
5 ハイロー 98
6 アシストチンニング 102
7 脚のトレーニング 106
8 プランク 110

糸井嘉男物語～ケガと生い立ちとワタシ～①
「ホントはサッカーをやりたかった少年時代」…114

第3章 コンディショニングは体づくりのパートナー

体づくりを支えるコンディショニング…116
コンディショニングと食べ方…117
僕は何を食べているのか…119
体重はコンディションのバロメーター…122
最強のコンディショニングは睡眠…123
筋トレの効果も高めるストレッチ…125
マッサージいらずの筋肉…128
筋トレ効果!? 動体視力も衰えず…130

糸井嘉男物語～ケガと生い立ちとワタシ～②
「遅咲きの超人」…132

第4章 「体」から「技」へ——人生を変えた野手転向の軌跡

ピッチャー失格の烙印…134
夢の中でもバットを振っていた…137

筋トレと運命の出会い……139
ダルビッシュ有から学んだこと……142
「体」から「バッティング」へ……145
お手本にした選手……151
「体」から「守備」へ……153
「体」から「走塁」へ……160
体づくりと「走攻守」……167

糸井嘉男物語～ケガと生い立ちとワタシ～③
「ケガとどうつきあうか」……170

第5章 「体」から「心」へ――19年の現役生活を支えたメンタル

「挫折」じゃない、「転機」だ……172
止まらないワクワク感……174
緊張感に飲まれず、味方にする……176
「頭のリフレッシュ×ガン寝」……179
リスペクトの気持ちと成長……180
ファンは筋トレ以上の存在……182
困難を乗り越える力……185
メンタルとは「集中力」……187

糸井嘉男物語～ケガと生い立ちとワタシ～④
「後悔はない！」……190

第6章
あなたにも体をつくって動かす、すばらしさを
車椅子ソフトボールとの出会い……192
300盗塁の裏にある感謝……197
どんな人にも体を動かすことのすばらしさを……199
体と向き合うことの大切さ……203
筋トレで、日常に運動を取り入れる……204
さあ、体をつくって、動かそう！……207

第7章
体づくりと、これからの人生
あとがきにかえて……210

糸井嘉男　超人年表……221
本当にすごいぞ！　糸井嘉男……222

第1章

体づくりに目覚めれば、新しい自分に出会える

パワーアップする

僕は筋トレを中心とした肉体改造をすることで物事がうまく回るようになったと考えていて、現役時代もその考えに基づいて行動していたので、具体的にどんなええことがあったかをお伝えし、筋トレはもちろん、体に向き合うことの大切さをみなさんにアピールしたい。

第一の理由として、当たり前のことだけれど、筋肉がつくとパワーがアップする。とくに一年でもっともハードな筋トレを行う1月の自主トレのあと、打球の違いを感じることが多かった。

なぜなら、投球に対して力負けしなくなるから。僕はホームランを量産するタイプのバッターではなかったが、少なくとも捉えたボールを鋭く弾き返す力はじゅうぶんに持っていたと思う。

バッティングというと、どうしても技術を磨くほうに意識が向きがちだ。もちろん技術も大事だが、自分がやりたいことを表現するのは肉体。だから、土台となる体が強ければ、技術も底上げされる。やれることや範囲が増える。

僕の場合、バッティングでは背筋と下半身のトレーニングを重視していた。とくに下半身は打つ動作のエンジンになるので、筋トレでは絶対に避けて通れない。

そのエンジンに馬力がつけば軸がブレなくなるし、骨盤の回転でスイングに大きなエネルギーが乗る。すると打つときに、「あっ、抜かれた（タイミングを外された）」と思ってもグッと踏ん張ることができたり、バットの芯から外れてもある程度飛ばすことができたりするようになる。

ファイターズ時代の大谷翔平選手が投げた、当時日本最速だった１６４キロのストレートを打ったことがある（２０１６年9月13日札幌ドーム、オリックス・バファローズ対ファイターズ戦）。詰まりながらもライト前に打ち返すことができ、結果は２点タイムリー。塁べース上で手がしびれたようなジェスチャーをしたのを覚えてくれているファンの方もいるだろう（実際、めっちゃしびれた）。あれはまさに筋トレのおかげと言っていい。日本最速だろうが魔球だろうが、ヒットを打てばバッターの勝ち。普段から筋トレをしているからこそ、日本最速に力負けしないバッティングができたのだと思う。

その大谷くんも、筋トレによって当時より一回りも二回りも大きな体になって、今ではメジャーリーグでホームラン王争いをすることもある。あのユニフォームのピチピチ具合を見るたび、「自分も負けてられへん！」と、さらに筋トレ欲がうずいたものだ。

アスリートでない方は、「いやいや、オレ、基本デスクワークだし、バッティングなんてしないから、パワーいらないんだけど」と思うかもしれない。でも、パワーというのは広い意味での持久力、粘り強さにもつながると、僕は思っている。

働くあなたの疲れた肉体に、もうひと踏ん張りのエネルギーを送ってくれるので、筋トレをはじめとする体づくりを行えば、毎日の活力がアップすること間違いなし！

2016年9月13日に行われた日本ハム戦
3回表1アウト二、三塁
大谷翔平投手の164km ストレートをライト前に打ち返して2点タイムリーとなった

速く走れる

「筋トレをすると、筋肉が増えるぶん体が重くなって、足が遅くなるのでは？」

そう思っている人は意外と多い。でも、僕はそんなふうに感じたことはない。むしろ筋トレをすることで速く走れるようになる。オリンピックの陸上選手だって、みんな筋トレをやっている。それが何よりの証拠だ。

走力で大事なのはお尻のトレーニング。ケツは体の重心を支えてくれるので、そこを鍛えれば動作の安定感にもつながる。なんなら野球の走攻守、すべてのプレーで役に立つと言っていいだろう。

筋トレのメニューとしては、スクワットもいいが、オススメはバーベルを使ったヒップスラスト（94ページ）。最近は女性のあいだで「美尻トレーニング」が流行っているらしく、ジムに行くと必ず誰かしらヒップスラストをやっていて、なかなかラック（器具）

が空かないほど。

なお、ネット情報だが、身長159センチと小柄なゆりあんレトリィバァさん（お笑い芸人）が、以前ヒップスラストで85キロのバーベルを上げたことがあるらしい。これはなかなかのものです。一方、188センチの僕は現役時代、最高で140キロだった。ケツは僕の魅力がもっとも発揮できる筋肉だと思っているので、糸井嘉男、もうちょっと頑張らないといけない（とはいえ、競技目的の筋トレでは重量コントロールも必要だった。これから本領発揮です！）。

もう一つ、走塁のために鍛えるべきはハムストリングス（106ページ）。ハムのトレーニングは、盗塁で大事な瞬発力をアップさせるのに役立つ。実際、53盗塁で盗塁王を獲った2016年は、脚のトレーニングをいっそう強化してシーズンを戦った。

ハムとケツを強くすれば、下半身全体で走るときの出力をアップさせることができると、僕は考えている。

速く走れることは野球選手としての武器になる。筋トレによって武器を一つ増やすことができると思えば、やらない理由はない。

アスリートではないみなさんは、短距離を速く走らなければならない機会なんて、そうない。わかってます！　でも、少なくとも体づくりに興味を持っていれば、ジョギングは基本中の基本。むしろ、今まったく運動をしていない人がいきなり筋トレで体を鍛えようとするよりも、まずは走って運動そのものに慣れたほうがいいくらい。

そして、中長距離を走るのであっても、風を切って走るのは気持ちいいと思う。そんな欲が出たら、鍛えましょう、お尻を。

ちなみに、僕が盗塁王になったのは35歳だ。筋トレで走力の衰えはカバーできる。世のおじさんたち（もちろんお姉さまたちも）、頑張っていきましょう。

強い球が投げられる

投げる動作は、まず軸足に重心を乗せ、ステップを踏み、その流れで生まれたエネルギーを上半身と腕に経由させ、最後に指先からボールに伝える連動の作業だ。

そのため神経系がかかわる部分も多く、一概に「筋トレさえすればば投げるのがうまくなる」とは言い切れない。やみくもに肩の筋肉を鍛えたからといって、いい球が投げられるようになるわけではない。

あくまで僕の意見だが、投げる能力そのものは慣れや生まれ持った素質も大きいのではないだろうか。現役時代の僕は遠投だとだいたい１２０メートルくらい投げられたが、これも努力よりセンスによるところが大きいと感じている。

では、筋トレはボールを投げることにまったく役に立たないのだろうか。それには、日本球界の筋トレ伝道師（自称）としてNOと言っておこう。先ほどお伝えした連動の作業をスムーズにできる投球フォームさえ身についていれば、投げる動作に必要な筋肉を鍛えて、生まれ持ったものにかかわらず、投球の質は底上げできる。

たとえば強肩外野手の代名詞、〝レーザービーム〟と呼ばれる、しばらくのあいだ水平に伸びるようなボールをコントロールよく投げるためには、脚力をはじめとする下半身や背中の筋力がとても重要になってくる。強くてブレない送球のためには、やはり安定した土台となる肉体が必要だ。

僕はプロ3年目で外野手に転向するまでピッチャーだったが、いま考えてみれば、大学時代にも一時的に強めの筋トレを取り入れて、球速が10キロほど上がった。筋トレが投球の質にメリットがあることを体験している。

ポイントとなったのは、広背筋のトレーニング。初心者は背中全体を鍛えられるデッドリフト（82ページ）から始めるのがいいと思うが、さらにレベルアップしたければハイ

日本ハムにピッチャーとして入団したが、３年目からは外野手に転向した
筋トレを重ねて、120m 投げられる体を手に入れた

ロー（98ページ）やアシストチンニング（102ページ）など、〝引く系〟のメニューがオススメ。一種類ではなくいろんなメニューを取り入れて、背中のさまざまな部位に刺激を入れるといいだろう。

伸び悩んでいる高校球児以上のステージの選手、もしくは本気で草野球に取り組むあなたには、送球に自信がなくてもあきらめることはないと伝えたい。足りないものを補ってくれるのが筋トレだ！

そもそも体を鍛えること、それを続けられること自体に意味がある。まずそれができれば、気がついたら送球力がアップしていたり、アスリートでない人でも必ず体にプラスの変化が起きていたりするのです。

姿勢がよくなる

ここまで「打つ」「走る」「投げる」という基本的な野球の動きを中心に、僕が筋トレから得たメリットを紹介してきた。ここからはアスリートである前に人間である糸井嘉男として（超人のほうが嬉しいけど）、誰にでも当てはまる「体を鍛えたほうがいい理由」をお伝えしていこう。

どの競技でも、アスリートとして姿勢がいいことは基本中の基本だと思う。僕自身はもともと姿勢がよかったほうだが、筋トレすることによってよい姿勢を保つことが苦ではなくなった（油断したら背中丸まってる！　みたいなことが減った）。

いい姿勢によって得られるメリットはたくさんある。バッティングやランニングでも正しいフォームがキープできるようになるし、それによってケガや故障のリスクも減る

（ただし僕のケガが少なくなかったのは公然の秘密だ）。姿勢のいい選手は大きく見えるため、ピッチャーをちょっとビビらせることだってできる。

また、プロ野球選手という見られる仕事をしている立場として、僕には「いつもカッコよくありたい」という哲学が引退した今でもあるが、その点でも姿勢はとても大事。猫背のプロ野球選手なんてやっぱりカッコわるいだろう。

姿勢とは、ズバリ体幹だ。

どんな筋トレメニューでも正しくやれば体幹を使うことになるので、ビッグ3（スクワット、デッドリフト、ベンチプレス）をやるだけでもいいのだが、僕はさまざまな種類のプランク（110ページ）を行って、体幹を狙った刺激を入れている。プランクはシンプルで地味なメニューだが、なんだかんだこれがいちばん効果的。バリエーションとしてメディシンボールを使って行うこともある（112ページ）。

体幹が鍛えられると、その他の筋トレメニューをやる際にも軸がしっかりできるので、筋トレ全体にプラスの効果がある。体幹を鍛えて損することは一つもないと言っていい。

僕は外野手だったが、打球はつねにきれいな弧を描いて飛んでくるわけではなく、遠くからはイージーな打球に見えても、空中で不規則な動きをすることも多い。そんなときにも体幹がブレなければ、咄嗟に対応することができる。外野手のエラーは味方ピッチャーへのダメージがどデカいし、何よりランナーがいれば即失点だし、だからこそ勝敗を左右することもあるだけに、どんなに地味な体幹トレーニングだろうと怠るわけにはいかないと思っていた。

体幹でしっかり体を支えられるようになると、長時間歩いたり座りっぱなしでいたりしても肩や腰の不調が少なくなると言われている。日常生活を送るのがとてもラクになるのだ。見た目にも、同じスーツを着ている二人がいたとしたら、やっぱり姿勢がいいほうがパリッとカッコよく見える。いいことしかない！

〝限界突破力〟がつく

筋トレはしんどい。しんどくないのは筋トレではない。

僕は競技人生、いや人生そのものを筋トレに救われたので、これまでもこれからも心からこれを信じ、申し子でありたいとすら思っている。でも、しんどいことは否めない。

とくに5セット目の8レップ（レップ：筋トレで回数を示す単位。たとえばベンチプレスならバーを下げて上げるまでの一往復で1レップ）くらいが、いちばんしんどい。その瞬間は「なんでオレはこんなことをやってるんだ」という邪念がチラつく。

ただ、それを乗り越えたい、乗り越えねばならないと、強く自分に言い聞かせる。乗り越えた先でこそ、まだ見たことのない自分とめぐり会えるからだ。

最後の1レップをやり遂げる。それをやり遂げたら、もう1レップやってみる。もしくは、負荷をもう一段階上げてみる。

そうやって少しずつ限界を超えていく作業を日常的にやっていると、思った以上に精神力がついてくる。

「俺は限界を超える男だ。超人だ」

そう信じることができるようになる。俺は超人なのだから、あのしんどい1レップを乗り越えられた男なのだから、なんでも乗り越えられるはずだと、自分を励ますことができる。

そして、だんたん自信がみなぎってくるのだ。

試合では、「このまま突っ走ったらフェンスに激突してケガしないだろうか？」なんていう守備での恐怖がチラつくことがなくなった。俺はあれだけのトレーニングをした超人だ。筋トレによって体がしっかりできているのだから、あとは勇気を持って飛び込むだけだ！　と思えたのだ。

あるいは、「あと一歩走って飛び込めば！」という捕球の球際で、歩幅の限界の先がイメージできた。何度も限界を突破してきたのだから、さらにグローブを5センチ先に伸ばすことだってできるはずだ！　と自分に言い聞かせることができた。

みなさんも、「こんな仕事、自分にできるだろうか」と不安になることがあるだろう。でも、筋トレで鍛えた〝限界突破力〟があれば、「俺は超人だ。あのつらい1レップを乗り越えたのだから、こんな仕事楽勝だ！」と、思えるようになる。決してあきらめずに、少なくとも「今の自分にできることを少しでも超えた」と思える仕事になれば上出来だ。精神力が上がれば、底力もつく。

だまされたと思ってやってみてほしい。筋トレはあなたのハートも鍛えてくれるから。

切り替えができる

ヒットが一本も打てなかった日。

代打で出場して三振してしまった日。

年間１４３試合もあれば、自信みなぎる超人の僕でも凹むことはあった。毎日試合のあるプロ野球選手にとって、頭や気持ちの切り替えはとても大事だ。その手段として僕は筋トレを取り入れていた。

打てなかった日、そのまま家に帰っても引きずってしまいそうなときは、あえてハードな筋トレをしたり、マシンを打ちまくったりして、自分の中の感覚を変えてから帰宅するようにしていた。とにかく何かを変えてから次の日の試合に臨みたかったのだ。

左バッターだった僕にとって、左投げのサイドピッチャーの球は、背後から来るような感じなのではっきり言って怖かった。それが、彼らが左バッターを抑える〝左キラー〟と呼ばれることが多い理由だ。でも、そんな投球に向かって踏み込んでいかなければ、その時点でバッターの負け。逃げて体が開いてしまうと、アウトコースの変化球に手が届かないし、打ったとしてもパワーがボールに伝わらない。

とくによく覚えているのが、中後悠平（元千葉ロッテマリーンズなど）にデッドボールを当てられたときのことだ。白状すると、その次の試合で中後と再び対戦したとき、僕はビビってしまった。デッドボールを受けたときの残像のせいで、いつにもまして踏み込めない。また当てられるのではないかと恐怖を感じたのだ。思い通りのバッティングがまったくできなかった。

試合後、僕は憑りつかれたように筋トレをやった。恐怖心を振り払って切り替えるためだ。残像に反応してしまう体をいったんリセットする必要があった。何もせずにそのまま家に帰ると、イヤなイメージが体に染みついてしまうような気がした。

筋トレをやることで無心になると、その感覚は見事にそぎ落とされた。負の流れを絶つことができたのだ。

さらに「限界突破力がつく」でもお伝えしたように、筋トレによって自信が持てることを考えれば、左キラーでも踏み込めるような「勇気」も生まれる。そのうえ、デッドボールの痛みに負けない強い体だってついてくる。

みなさんも、頭を早く切り替えたいときがあると思う。仕事でミスをした日、上司にイヤなことを言われた日、夫婦喧嘩をした日……。

そんなときは、筋トレで心を無にして、スッキリしてリセット。

はい、もう違う自分に生まれ変わります！

ああ、やっぱり筋トレはいいことしかないなぁ。

緊張と仲よくなれる

僕はもともと、あまり緊張しないタイプだ。子どものころから、人前で足がすくんだり、誰かに会ってドキドキしたりすることもなかった。試合で打席に立つときには、もちろん一定の緊張感はある。でも、ガチガチになって動けないようなことはなかった。

そんな僕でも、忘れられないほどの緊張感を味わったことがある。2012年のキューバ代表との侍ジャパンマッチと、翌年の第3回ワールド・ベースボール・クラシック（WBC）のときだ。初めてジャパンのユニフォームに袖を通したときのことは、今でもよく憶えている。全身の筋肉に血液が流れ込んでいくようで、熱かった。「日の丸を背負うってこういうことなのか」と感じた。そして、力がみなぎった。

試合では阿部慎之助さんに代わって四番を任されたこともあったが、そのときに独特の緊張感を味わったのだ。普段は僕の味方としてしなやかに動いてくれる筋肉が、打席

2012年11月18日
侍ジャパン vs キューバ代表
8回表に生還して山本浩二監督に迎えられた

に立つと硬直しているように思えた。ペナントレース、いや、日本シリーズでさえ、なかなか味わえない感覚だった。

思い返せば、緊張感に飲まれ、完全に緊張状態になりそうなときは、あれこれ考えすぎていた。余計なことを考える時間があるからいけない。そうならないようにアスリートは何をすればいいのか。ウエイトをやりまくるのだ！　筋トレの最中、僕は自分の肉体の反応だけに集中し、やがて無心になる。現役時代は、試合に必要な最低限の緊張感だけが体に残った。緊張感が味方につく感じ、とでも言おうか。

僕の話にピンとこないなら、大事なプレゼンの前の日にでも、バーベルスクワットなんかをやってみるといい。不安な時間は過ぎて（おまけに筋肉も手に入り）、心地よい眠りにつけるだろう。筋トレで緊張をコントロールできるようになれば、どんな場面も怖いものなしですよ！

健康でいられる

プロ野球選手にとっての健康とは、シーズンを通じて体調を整えておくこと。おそらくすべての選手にとって、いつでも戦える状態の体であることが、最低限クリアしておきたい目標だろう。

この目標の達成において、筋トレが大きな味方になってくれると言っていい。僕自身もシーズンを通じて戦力であり続けるために筋トレをやっていた部分が大きい。

アスリートであろうとなかろうと、筋トレで筋肉量を増やせば体温が高くなり、体温が高くなれば免疫力も上がると、巷では言われている。風邪を引きにくい体質、ケガをしにくい体質、もしくは風邪やケガがあっても治りやすい体質なんかは、筋トレでつくれると、僕も思っている。

ただし筋トレは、筋肉に負荷をかけ、痛めつけて増強させるメカニズムなので、追い込みすぎると一時的に免疫力が下がってしまい、風邪を引きやすくなる。

そんなときは、アミノ酸（ＢＣＡＡ）やグルタミン、クエン酸といったサプリメントをうまく活用して栄養素を補うことを忘れてはならない。とはいえ、筋トレを繰り返すことによってだんだん風邪を引かない体質になってくる（糸井調べ）。

実際に僕は、筋トレを取り入れてからシーズン中に風邪を引いたことがなかった。シーズンが終わったとたんに風邪を引くこともあったので、ただ気を張っていたからとも言えるかもしれないが、いちばんの理由は、やはり筋トレを軸とした体のコンディション管理を徹底していたからだと思う。


ちなみに、シーズン後に風邪を引くと、いったん緊張感から解放される。そこから次のシーズンに向けてコンディションを上向きにできるので、シーズン直後に風邪を引くこと自体はネガティブには捉えていなかった。筋トレも風邪も、オレの味方！

年齢に抗える

僕が40歳になった時、

「糸井さん、フワクですね〜」と言われた。意味がわからなかったのでとりあえずニコニコしておいたのはここだけの話だ。迷いがなくなる歳なんだそうだが、残念ながらそれには自信を持ってＹＥＳと言えないかもしれない。ただ、肌のツヤには自信がある。筋トレで血流が促進されているおかげだ。

アスリートに限らず、筋トレしている人は基本的に美意識が高いので、若く見られる人が多いと思う。体幹を鍛えていて姿勢がいいことも関係しているだろう。ジムのトレーナーさんたちも、同世代の人たちと比べて見た目年齢が若いなと感じる。

僕がプレーをしていて年齢を感じるようになったのは２０２０年、39歳になった年。歳をとったなと実感すると、「無理しないほうがいいな」と、ふと心にブレーキがかかってしまうことを知った。

しかし、筋トレをすると心身ともにコンディションを維持できるので、その実感を確実に先送りでき、ブレーキがかからない。少なくとも盗塁王を獲った35歳の時点では、僕の心にブレーキがかかることは一切なかった。自分の肉体に自信があったから、いつだって勇気を持ってチャレンジできた。

まわりの人はオッサンが53盗塁したことにビックリしていたが、僕の中では「今年は走ろう」と決めて、そのためのトレーニングもしっかりやったし、努力によって年齢以上のパフォーマンスができることを、身をもって証明できたと思っている。

いつまでも若々しくプレーするため、若々しく生きるためにも筋トレは欠かせない。僕は年齢を言い訳にはしたくないし、引退したこれからもそういう自分でありたい。お腹ポッコリの糸井嘉男を、あなたは永遠に見ることはないと言い切っておこう。

心の準備ができる

人間生きていれば、誰でもイライラすることはある。僕だってそうだ。

思ったようなバッティングができなかった、ここぞのときに守備でミスをしてしまった、セブンイレブンに口どけチョコのオールドファッションを買いに行ったのに売り切れていた……。イライラの火種はどこにでも潜んでいる。

凹んだときと同じく、イライラしていてもいいことはないので、心を落ち着かせるためにも、そう、やっぱり筋トレ。無心になり、気持ちがリフレッシュして、さっきまであんなにイライラしていたというのに、トレーニングを終えてバーベルをそっと置いた瞬間、気がつけば充実感、満足感にあふれている自分がいるのだ。次の日に向けてのモチベーションも湧いてくる。

現役時代、このモチベーションアップ効果は意識して取り入れていた。シーズン中はだいたい毎週日曜日の試合後に負荷の大きなトレーニングをやっていて、これは次の一週間に向けてやる気を上げるという、心の準備になっていた。

現役時代も引退後の今も、一、二時間ほどかけてあらかじめ決めておいたメニューをこなすのだが、この時間はMC TYSONなどのヒップホップなんかを聴きながら、一人黙々と己の肉体と向き合うことにしている。狙ったところに刺激が入っているか、じっくり筋肉と対話するのだ。集中しているので、まわりの人はいっさい話しかけてこないし、目を合わせようともしない。

一方、現役時代の1月の自主トレは、同じ肉体哲学を持った仲間たちと行っていた。自主トレでは一年で最もキツいトレーニングをやっていたが、一人では妥協してしまうこともあったので、球界トップクラスの選手たちと切磋琢磨できたことは本当にありがたかった。彼らの技術や能力は勉強になったので、僕も成長することができた。そして、彼らからたくさんの刺激を受けたことによって、シーズンに向けた心の準備をすることもできたのだ。

だからこそ、自主トレのメンバーはすごく大事だった。僕よりずっと若くても、すごいなぁと思う選手はいる。年齢は関係ない。お互いに高め合えるメンバーでトレーニングしたからこそ、完璧な心の準備ができたのだ。

デキるビジネスパーソンのなかには、早朝トレーニングで自分にスイッチを入れてから仕事に行く人も多いと聞いたことがある。それにもこれから始まる一日の戦いに向けた心の準備の意味が、きっとあるのだと思う。

筋トレで無心になって、いったん頭の中を空っぽにすることがいいのかもしれない。頭の中にスペースができれば、新しいアイデアが浮かぶチャンスが広がる。

仕事で行きづまりを感じているあなたも、筋トレを始めるしかない。

不調を察知できる

先ほど、日曜日の試合後にがっつりヘビーなトレーニングをやっていたという「心の準備」の話をさせてもらったが、筋トレがコンディションを整えるため、つまり「体の準備」にも必要だったことは言うまでもない。

試合のない月曜日は、基本的には休養の時間をつくるようにしていた。日曜以外の試合のある日は、開始時間（デイゲームかナイターか）や移動スケジュール、その日の体調によって変えたこともあるが、体を整え、維持するための、だいたい決まったメニューを行っていた。

筋トレを日課にしていると、体の反応に対してとても敏感になる。

同じメニューを同じようにやっていても、「今日はハムの下側がなんだかやけに張っているな」とか、「今日はいつもより上腕が疲れやすいな」とか、「いつもはサワークリーム味のプロテインだけど、今日はチョコ味を欲しているな（甘いのが欲しいから疲労しているのかな）」とか、微妙な変化を感じ取ることができる。筋トレのメニューはあらかじめ決めておくとはいえ、そういった変化を感じたら、途中で変えることもある。

わずかな変化は、試合中にも感じ取ることがあった。

ピッチャーは、いろんなコースや球種を投げてバッターのペースを崩そうとする。たとえば、インコースばかり投げてストライクゾーンをずらしてくるような攻め方をされると、インコースが気になってアウトコースの投球がより遠く見えてしまう。そういう配球の積み重ねで自分のバッティングを見失い、打てない体にされてしまう。放っておくと〝スランプ沼〟に片足を突っ込んでいるようなことが起きる。

自分のバッティングに異変が起きたときこそ、基本的なことから見直す必要があるわけだが、そういった不調をいち早くキャッチできたのは、普段から筋肉と濃い対話をしていたからこそ。そして、心身のバランスを整える効果を通じて、不調状態を修正できるのもまた筋トレだった。

どんな人でも不調をいち早く察知できるようになれば、毎日の体調管理に役立つし、体の衰えにも敏感になるので、いい状態をキープできる。筋トレ習慣を続けられる人ほど、変化や異変への対処法を、自分で見つけられるようになる。

「家の階段がしんどくなってきたから、今日からスクワット、プラス10回だな」

「最近ちょっと腰が痛いからプランクやってみよう」

そんなことの積み重ねが、快適な人生を叶えてくれるのだ。

テンションが上がる

筋トレをしているとき、僕の肉体の中ではテストステロンや成長ホルモン、ドーパミン、セロトニンなど、さまざまなホルモンが出まくっていて、そのホルモンたちが体内をグルグルしているような感じがする。そのグルグル感があると、僕のテンションはどんどん上がっていく。

ちなみに僕は、トレーニング前に数値を測ることがほとんどない。数字にとらわれるよりも、自分の感覚、つまり筋肉の声を大事にしたい。

測らなくても、自分の体内で何が起きているのかはだいたい感じ取ることができる。アドレナリンもバリバリ出ている。もしかしたら試合に出るとき以上に出ちゃっているかもしれない。公式戦の真剣勝負に負けないくらいのハイテンションだ。

毎日のように試合に出ているとあまり感じないのだが、代打で打席に立ったり、久々にスタメンで出場したりすると、やはり緊張感は増す。でも、僕はいつも筋トレで試合のテンションを疑似体験していたから、緊張感に飲まれるようなことはなかった。すでにお伝えした通り、「緊張と仲よく」なっていたし、「心の準備」もできていた。

すると、試合を決めるビッグチャンスで緊迫の打席がめぐってきたとしても、それを心地よくすら感じられた。普段からホルモンを発散しておくことは、アスリートにとっては大事だと思う。

みなさんも同僚といざこざがあったり、恋人にフラれたりして、「うわーテンション下がるわ～」という日でも、笑顔で接客しなくちゃいけないかもしれない。

そんなときこそ、筋トレ習慣が強い味方。とくに出社前なら効果抜群！　ホルモンたちが体をグルグル駆けめぐり、否が応でもテンションは爆上がりだ。

これから筋トレを始める人は、筋トレそのものに向けてテンションを上げることも大事にしたほうがいい。単純に、そのほうが楽しいからだ。

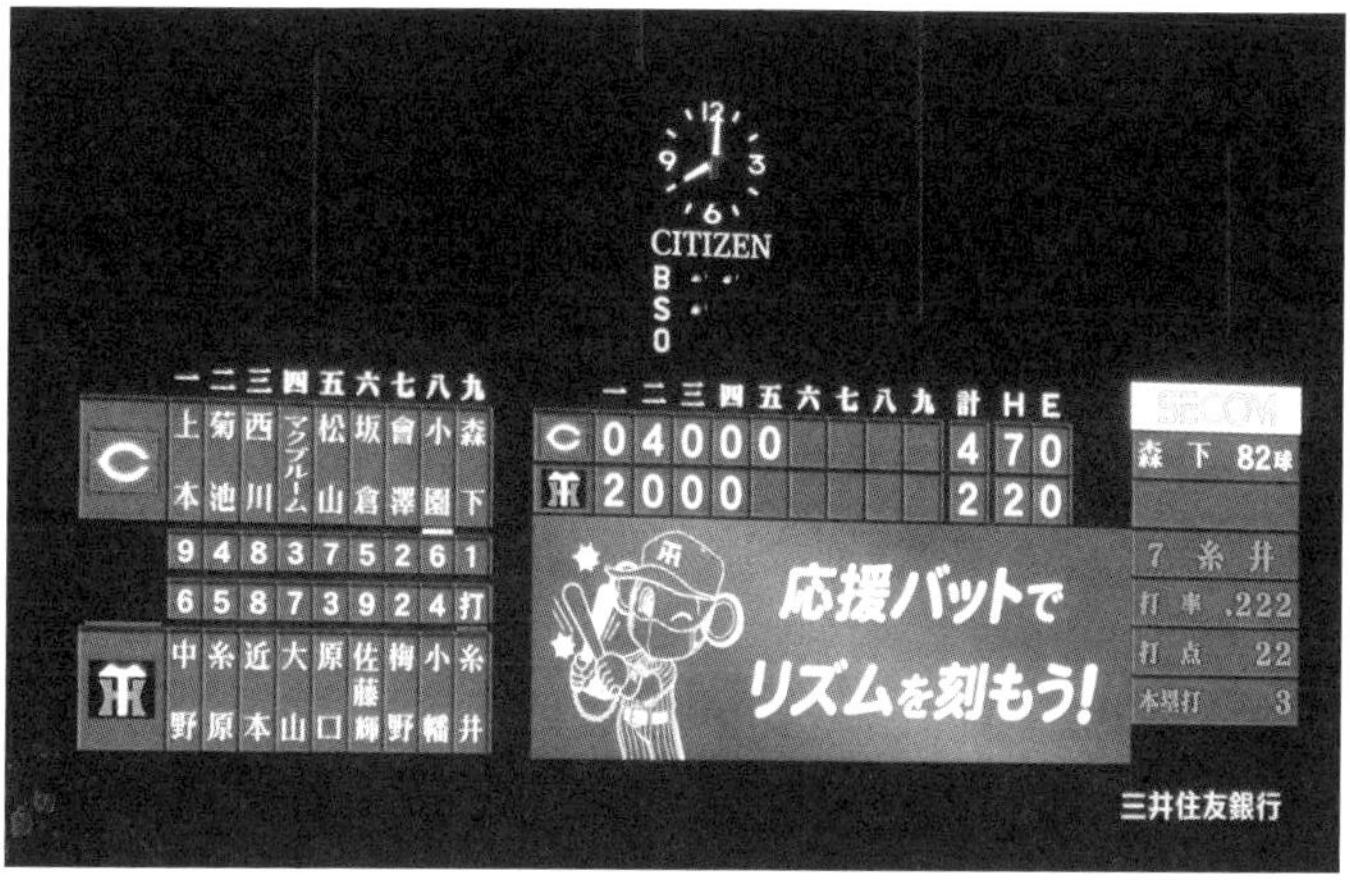

2022年9月21日の引退試合　5回裏に代打で出場
最後の対戦相手は広島・森下暢仁投手だった

かんたんな方法としてオススメなのが、おしゃれなアパレルを身につけること。カタチから入ることも大事だと言われるが、僕もそう思う。僕自身も気に入ったウェアを着るとスイッチが入る。ダサい格好でトレーニングしても、あまりテンションが上がらない。

ただ、筋トレを続けていると、姿勢もよくなり、いい肉体特有のオーラまで出てくるので、結局何を着てもサマになってしまう。僕にとっては筋肉もおしゃれアイテムだ。

言い訳が減る

誰しもうまくいかなかったときは、「これがあかんかった」「あいつがあかんかった」と、つい言いたくなるものだ。僕だって同じだ。「データにない変化球が来て打てなかった」とかサラッと言って、スッキリしちゃえたらどんなにラクだっただろう。

でも、筋トレをしていると、言い訳という発想自体が薄れてくる。

言い訳とは、できない理由をダラダラと並べることだが、筋トレは己の可能性を広げ、(たとえどんな状況でも)できない理由をなくす作業だから、ダラダラ並べるものがもはや存在しなくなるのだ。

そもそもプロ野球選手で言い訳すること自体、カッコいいものではない。少なくとも僕の理想像とはかけ離れている。だから、言い訳しなくても済むように僕は日々筋トレしていた（そして、今もしている）。

一方で、できなかったことをそのままにせず、自分なりに分析する作業は必要だ。そのためにも、筋トレを通じて動作をチェックしたり、体のコンディションを確認したりすることには意味がある。言い訳をせず、筋トレで己と向き合うのみ。

最近まわりに言われたのだが、僕は人の悪口を言わないらしい。あまり意識したことはなかったが、悪意を持って人のウワサ話をするようなことは、たしかに自分でもないと思う。

人に対してムカつくことがないと言ったらウソになるが、たとえムカついたことがあったとしても、筋トレすると忘れてしまう。習慣で発散できるようになっているから、数時間後にはスッキリしてどうでもよくなっているようだ。

実際にトレーニングのあとは爽快感があって、精神的に健全でいられる。充実感もある。それを日々繰り返していれば、人に対してムカつくことすら減ってくるのではないだろうか。

みんなストレスが溜まっているから、言い訳をしてしまったり、悪口を言ってしまったり、SNSにいらんことを書いてしまったりするのだと思う。そういうことをはけ口にするのは精神衛生上よろしくないし、まわりも不幸にする。

ならば、筋トレをはけ口にすればいい。バーベルやダンベルたちが、ストレスを吸収してくれる。心身のコンディションも整うし、ポジティブになって悪口も言わなくなる。

そんな人のほうがカッコいいと、みなさんも思いませんか?

ポジティブになれる

どういうわけかノーテンキに見られがちな僕だが、ときには不安になることもある。現役時代、プロ野球選手として結果を残さなくてはならないプレッシャーはいつも感じていたし、結果を残せなかったらどうしようとマイナス思考になることも正直あった。思えば筋トレをまだ本格的にやっていなかったころは、ネガティブスパイラルに陥りがちだった。結果に一喜一憂し、焦りを感じていた。とくに野球という競技は数字がこと細かく出てくる。毎日、通信簿をもらっているようなものだ。

しかし、筋トレをやるようになってから、目の前の結果だけに翻弄されることがなくなった。繰り返しになるが、無心になれるのであれこれ余計なことを考えなくなったし、「これだけやっているのだから大丈夫だ」という自信にもつながったからだ。

筋トレをすることでアドレナリンが分泌されることも影響しているだろう。どこからどう考えても、筋トレこそが気持ちをポジティブに変換する手段としてふさわしい。

僕が不安を感じながらもポジティブでいられたのは、筋トレでつねに新しい自分でいられたから。もしも筋トレがなかったら、落ち込みすぎてとっくに海の底だったでしょうね……。

みなさんだって不安やストレスを感じない、なんてことはないだろう。人間、誰だって、どこかでは弱い。でも、ネガティブのままでいては、仕事でもいいパフォーマンスはできないし、仲間も離れていってしまう。

筋トレというとムキムキになるだけだと思っている方も多いと思うが、じつは心に与える影響のほうがかなり大きい。前向きでいたい、自分を変えたい、そして人生を楽しみたい。あなたの引き出しに筋トレさえあれば、そのすべてが叶っちゃうんです！

メリハリがつく

僕は筋トレをする一、二時間はとことん没頭する。「とりあえず今日もやっておくか」なんてダラダラやることはしない。今日は脚の日、今日は胸の日、今日は背中の日とメニューをあらかじめ決めたうえで（筋肉の声に耳を傾けて変えることもあるが）、ジムに入ったら一気に集中力を高めていく。

一つのトレーニング種目に対して集中力を高めていくのは、打席に入ったときに集中するのと似ている。僕は打席に入るときのルーティンなどは一切なかったが、普段から筋トレによって集中力を高める訓練ができていたので、あえてつくらなくても大丈夫だった。

守備も同じように集中力が必要だ。バッターの傾向はもちろんのこと、ピッチャーの球種やカウント、打球の角度など、すべてを考慮したうえで、瞬時に反応しなくてはならない。が、僕はプレー中にあれこれ考えるのが苦手だったので、基本的にはいつでも自然体で備えて、どんな打球にも反応する準備を整えておくことが生命線。つまり、僕にとっては筋トレで高める集中力が役立っていたということだ。

それでゴールデン・グラブ賞を7回受賞したが（ドヤ顔）、２０１０年にやらかしたアウトカウントを忘れるようなうっかりも、ときにはあった（深く反省）。

筋トレや試合で集中力をマックスにしたら、休みの日はスイッチをしっかりオフにする。こういう習慣をつけておくと日々の生活にメリハリがつく。

メリハリがつくと自然と時間の使い方もうまくなる。すると、ムダな時間やヒマな時間がなくなるので余計なことで悩む時間もなくなる。

そんな良い効果を感じているので、引退してもずっと筋トレをやり続けることは間違いない。

ただし一つ伝えておきたいのが、僕が日本球界を代表する筋トレの伝道師（自称）だ

2022年9月21日の引退試合
試合後のセレモニーでライトにグローブを置いてきた

からといって、筋トレに生活を支配されていたわけではないこと。現役時代から遊ぶ時間も大事にしている。

遊ぶときも、思いっきり遊ぶ。オフの日はだいたいショッピングだ。かわいい服を見たあと、甘党の僕はカフェテラスで〝映えスイーツ〟を楽しみながらのティータイム。

日々の生活にもメリハリは大事なのだ。

継続する力がつく

愛しいけれど、しんどい筋トレ。それでもコツコツ続けられるのはなぜか。

答えはシンプル。達成すべき目標があるからだ。

現役時代で言えば、ヒットやホームランを打つこと。試合に勝つこと。優勝すること。日本一になること。一日でも長くプレーすること。カッコいいプロ野球選手でいること。ファンの人たちに夢を与えること。あらゆる目標が、頭の中にはっきりと並んでいた。

目標はいろいろある一方で、それらをいっぺんに実現に近づける、僕にとっての手段はたった一つ。そう、筋トレだ。だからこそ今でも筋トレを続けられていると言える。

そして、その目標を達成できる日は必ずやってくる。たとえば現役最後の2022年シーズン、その前年はなかなか出場機会がなかったにもかかわらず、開幕戦で二年ぶりのスタメン出場を果たした（2022年3月25日、対ヤクルトスワローズ戦）。しかも猛打賞を記録し、プロ野球人生初の開幕戦ホームランを打った。継続した努力が、カタチになって現れたのだ。

ただ、目標があっても何かを続けるのは、口で言うほどかんたんじゃない。「努力は裏切らない」とよく言われるが、必ずしもそうならないことも知っている。

でも僕は、筋トレから物事を続けられる力をもらったし、努力を続けることで、少なくとも必ず目標が達成できる日がくると信じられるようになった。

あなたがゼロから筋トレを始めたとしよう。おそらく翌日には心地よい筋肉痛を感じ、それから数日後には見た目がちょっとずつ変わってくる。

「お腹まわりが少しだけスッキリした！」

「姿勢がシャキンとしてる！」

些細なことかもしれないが、何かを続けるには小さな達成感が必要で、筋トレにはわかりやすくそれがある。努力を続ければ目標に近づける手応えがある。

僕自身も、筋トレを本格的に取り入れてから見た目の変化はすぐに感じた。自分でもわかったし、まわりの選手たちからも言われた。

「最近、体が大きくなったね」

「ええ背中してるな」

「どんなトレーニングしてるの？」

そんな言葉をかけてもらって、ちゃんと成果が出てるんだなと嬉しかったし、それがしんどい筋トレを続けるモチベーションにもなった。

物事が続かない方は、まず筋トレで「続ける力」を養ってみてはどうだろう。続けられるコツをつかめば、必ずあなたの目標に近づけます！

腐らない

引退までの何シーズンかは、スタメン出場する機会がほとんどなかった。ベテランにもなればチーム事情なども理解できるので、もちろん不平不満を言うつもりはなかった。若い選手の成長に刺激をもらえることもあったし、先輩として彼らのことはつねに気にかけていた。

ただ、自分で言うのもなんだが、若い選手に負けないほどのトレーニングは積んでいた。自信だってあった。だからベンチで試合を見守るのは楽しいものではなかったし、不満を言いたくなる気持ちが出てくることも、正直ほんのちょっとだけあった。だけど、そこは絶対まわりに見せたらいけないと思っていた。

「腐らずによくやってますね」なんて言われたこともあったが、腐っていたらそれまでの人間だ。

なぜ腐らない自分でいられたのか。僕にはまだ、やるべきことがあったからだ。トレーニングだ。僕は筋トレをやって自分を奮い立たせることができた。筋トレで新しい自分になっていれば、古くなってそのまま腐るなんてことはない。

葛藤のない人間なんていない。でも、その心の振れ幅を小さくすることはできる。そうすれば、やみくもに不安になったり、焦ったりすることもなくなる。腐らない自分でいられる。僕にとって、その手段が筋トレだ。足りない力をつける計画を立て、地道にそれを実践していくだけ。僕にとっては当たり前のプロセス。

やるべきことがあるというのは、まだ道が残されているということだ。今日もジムがあなたを待っている。腐っているヒマはない。

やさしくなれる

筋トレによってストレスや不安を減らせること、自信が持てるようになること、ポジティブ思考になれること、迷いがなくなることなどを話してきた。筋トレをするとメンタル面にもたくさんのメリットがあることを、じゅうぶん理解してもらえたと思う。

ズバリ一言でいうと、気持ちに余裕ができるということだ。

だから、プロ野球という厳しい勝負の世界に身を置きながらも平常心を保てたのは、筋トレのおかげだと思っている。

気持ちに余裕ができれば、人とのつきあい方も変わってくる。人のことを思いやれるようになるのだ。僕自身、選手として厳しい状況に置かれていても、中野拓夢や佐藤輝明など、若手のチームメイトのことを自然と気にかけることができるようになった。

今の若手選手からしてみたら、糸井嘉男は子どものころテレビで観ていた選手でもある。もしかしたら話しかけづらいこともあったかもしれないが、そういう先輩にはなりたくなかったので、なるべくこちらから気さくに話すようにしていた。

そうやって僕のポジションを脅かす存在ともいえる彼らといい関係が築けていたのは、間違いなく、長年鍛えた肉体の自負と、心の余裕のおかげだ。

とはいえ、僕のインスタグラムによく登場している糸原健斗は、最近ちょっと僕のことをナメすぎなので、気さくであることとのバランスに苦戦中。

ちなみに糸原は、僕がほかの選手をインスタにあげると激しく嫉妬してくる。心に余裕がないのだろう。筋トレが足りていらっしゃらないとお見受けする。もっとトレーニングに励んで、余裕を持ったほうがいいんじゃない？（笑）

リーダーになれる

「えっ、リーダーになれるだって？」

そんな読者の声が今にも聞こえてきそうだ。おっしゃりたいことはわかっている。バファローズ時代の２０１５年、僕はキャプテンを務めたのだが、リーダーシップをまったく発揮できず、交流戦前に借金20とチームは低迷した。自分でも最悪なキャプテンだったと思っている。

認めましょう、筋トレでリーダーシップは発揮できません！

開き直るわけではないが、そもそも僕は自分がリーダータイプだとは思っていない。

それでも、僕のもとに集まってくれた選手たちがいた。今や球界を代表する主砲である柳田悠岐（福岡ソフトバンクホークス）、マッチョマンでおなじみの吉田正尚（オリックス・バファローズ）、俊足が持ち味の西川遥輝（日本ハムファイターズ）など、そのほかにもすばらしいメンバーが集まってトレーニングを行った。

僕がこの自主トレのリーダーを買って出たわけではないのだが、メディアなどでは「チーム糸井（超人軍団）」と呼んでくれていたらしい。みんながそんなふうに思ってくれていたならすごく嬉しい。

決してリーダータイプではない僕が、最年長ということも大いにあるとはいえ、なんとなくリーダーみたいにならせてもらったのも筋トレのおかげだと思っている。筋トレに関して言えば、「オレがリーダーだ！」と言っちゃいますね。

超一流の選手、若く未来のある選手たちからもらえる刺激は、年齢を重ねた自分を奮い立たせてくれるエネルギーだった。コロナ禍やリハビリなど、環境の変化によってその後は別々にトレーニングすることになったが、彼らには球界における筋トレ文化をぜひ次世代につなげていってほしい。

グアムでの自主トレ
超人軍団を引き連れてダッシュ！
メディアは「チーム糸井」と呼んでくれた

カッコよくいられる

プロ野球選手として、男として、カッコよくありたい。僕はいつもそう思ってきたし、引退した今も思っている。ファンや子どもたちに夢を与える仕事なのだから、カッコよくあることは最低条件だ。ユニフォーム姿だけではなく、私服姿を偶然見かけられたときにも、「あれ糸井じゃない？　カッコよくない？」、少なくとも「意外とカッコよくない？」と思ってほしい（思ったことは口に出していただいてかまいません）。

何をもって「カッコいい」かは人それぞれ違うが、僕にとっては外見と内面の両方が伴っていることが、やはり大事だ。

見た目のことで言えば、これまでお伝えしてきた通り、姿勢がいいこと、オーラがあること、体が引き締まっていること、肌ツヤがいいこと、若々しいこと、お腹が出ていないことなどあげればキリがないが、そのすべては筋トレでじゅうぶんクリアできる。内面についても、言い訳をしない、悪口を言わない、腐らない、ポジティブである、どれを並べてもカッコいい要素ばかりだが、これらも筋トレで実現できることは、もうみなさんおわかりのはずだ。

筋トレ、体づくりをコツコツ続ければ、いろんないい影響があるのは間違いない。でも「糸井って、こんないいこと言うキャラだっけ？」とばかり思われたら、性格的にちょっと恥ずかしいので、この際はっきりさせておこう。僕自身、プロ５年目から筋トレを本格的に始めたのは「カッコよくなりたかったから」です！　野球のためだけではありませんでした！

でも、原因はあの男なんだからしょうがない。ファイターズ時代、チームメイトだったダルビッシュ。彼が、あるシーズンオフに筋トレに励み、ものすごく体を大きくして２月のキャンプに合流してきたことがあったのだ。

僕はその姿を見た瞬間、〝肉体の神〟からお告げを受けたかのごとく衝撃を受け、乙女のようにつぶやいてしまった。

「ダル、カッコいい……」


肉体改造によって、もちろんダルビッシュのピッチング自体が進化したことは、みなさんご存知の通り。見た目だけじゃなく、最高級の実力もあるなんてカッコよすぎる。

「オレも同じプロ野球選手としてそんなふうになりたい！」

そう思い、すぐに野球と人生の中心に、筋トレを置いた。

カッコよくあることは、アスリートとしてはもちろん、僕にとっては人として根っこにある欲望だと思う。

僕は、まだまだカッコよくなりたい。そして、これからも夢を与え続けたい！

第2章

超人の基礎をつくった筋トレたち

自主トレとシーズン中の筋トレ

第1章では、「筋トレ（体づくり）をすると、ええことばかり！」というのを、たくさんご紹介した。

ここからは、そうやって人生を切り開き、糸井嘉男そのものをカタチづくってきた、僕のトレーニングを具体的に紹介していこう。ただ、僕がやっているメニューのほんの一部にすぎないし、すでに毎日のようにジムに通っている〝ガチ勢〟の方には物足りないだろうが、おそらくそうではない多くのみなさんにとって参考になりそうな、基本的なものをあえて選ばせていただいた。

写真も掲載するので、モチベーションアップやイメージづくりにぜひ役立ててほしい。

さて、紹介する前に、おおまかに僕の現役時代のトレーニングについてお話ししておこう。

僕がもっとも強度の高い体づくり、つまり高重量の筋トレをやっていたのは、第1章でもお伝えした通り1月の自主トレのときだ。

自主トレは「シーズンを通じて戦える体づくり」の場と考えていた。シーズン中は毎日のように試合があるので、体力を温存するためにも高重量のトレーニングはなかなかできない。だからこそ、この自主トレの期間にしっかり土台づくりをしておくことが重要になる。その年ごとのテーマを掲げるまではいかないが、「体の基礎をつくる」「体を強化する」ことを大きなテーマとして、毎年強く意識していた。

一方、シーズン中のトレーニングのほうは強化というより「維持」のためにやっていたので、極端に重いものを持ってトレーニングすることはほとんどなかった。あるとしても、週に1回、日曜日の試合後に筋肉に刺激を入れる程度（月曜日はなるべく休養していた）。あらかじめ大まかなメニューは決めているが、大事なのはそのときの体の状態や調子をしっかり感じ取って対応すること。ノルマをこなすことは優先しない。

また、「シーズン序盤」「体力を奪われやすい夏場」「疲れの出やすい終盤」と、長いシーズンのどの辺りかを意識して、コンディションを見ながら、重量や頻度、回数などを調整し、トレーニング内容を変えていた。

自分が納得したものにこだわる

プロ野球選手の場合、基本的には球団のトレーナーが筋トレやコンディショニングの管理を行ってくれるが、一軍で活躍するようになると多くの選手がパーソナルトレーナーを雇い、自主トレに帯同してもらったり、球場以外のところでセッションやケアを受けたりしている。

でも、僕は専属トレーナーを雇っていなかった（自主トレのときなど、一時的にお願いすることはあったが、長期間にわたって二人三脚でやったことはなかった）。

なぜかというと、トレーナーを雇うとどうしてもその人だけの情報や知識に偏ってしまうからだ。それがバッチリ自分と合っていて、絶対に間違いないものならかまわないが、つねにそうとも限らないし、それが正解かどうかは結果論でしかない。「これ、ホンマに合ってんのかなぁ」と思っても、とりあえずやるしかなくて、モヤモヤしたまま進んでしまう。それで結果を出せなかったとしても、その責任は選手である僕が負わなければならない。

だから、僕の場合はいろんな知識を持っている人たちから少しずつ教えてもらったり、ときにはユーチューブや雑誌などで情報を集めたりして、自分でじっくり考えてから、これだと思ったものを取り入れるようにしていた。

とにかく僕は、本当に自分で納得したものをやりたいと思っていたのだ。

プロ野球界と筋トレ

僕が筋トレを体づくりの軸として本格的に取り入れたのは２００８年だが、当時のプロ野球界では、まだ筋トレに対する反対意見も多かった。

「重いものを上げるトレーニングなんて必要ない。走っていればいい」

「そんなことをしたら故障するぞ」

「バットを振って筋力をつけろ」

そういう考えを持った人が、今よりずっと多かったと思う。正直、今でも「野球選手に高重量の筋トレはいらない」と主張する人はいるのではないだろうか。

でも、あれから10年以上が経って、プロ野球界でも筋トレの捉え方が変わってきたと感じる。

今ではほとんどの現役選手が筋トレは重要だと考えて、なんらかのカタチで取り入れるようになった（少なくとも僕のまわりではそうだ）。球団側も、ホークスや読売ジャイアンツでは、専属トレーナーとしてボディビルダーの人たちと契約するようになった。僕は、それが答えなんじゃないかと思っている。

ただし、筋トレをやるかやらないかは、それぞれの自由。僕にとってはすばらしいものだけど、やらない選手がいたとしてもその考えは否定しない。結局、プロ野球というのは自己責任の世界だから。

ちなみに、本格的に筋トレを始めて10年以上が経ち、40歳を越えても、年々体の反応はよくなっていると感じる。

あくまで僕自身の実感にすぎないが、筋トレをやったらすぐに筋肉がつく感覚が今でもある。これはもしかしたら僕の超人ＤＮＡの成せる技かもしれないが、みなさんの筋肉だって叩き起こせば必ず応えてくれる日がくる。だから何歳になろうとも、あきらめないでほしい。

また、現役時代、とくにベテラン選手になってからは、筋トレでついた筋肉を野球の技術にもうまく活かせるようになったとも感じた。みなさんも継続していれば、「動きやすくなった」「体が軽くなった」と、なんらかの実感があるはずなので、ぜひ頑張って続けてもらいたい。

僕の予言では、もしあなたが体づくりを始めたとして、３か月も続けられれば、「息切れしなくなった」とか、「（ゴルフで）ドライバーが飛ぶようになった」とか、必ず何かいい影響が出る。すると、今度は衰えるのが怖くなって、逆に鍛えたり、走ったりせずに終わる一日が気持ち悪くなる。間違いない。そうなってしまったら、あとは「続ける」という意識ではなく、勝手に続いていく。

筋トレで〝なりたい自分〟に

これだけ筋トレを頑張っている僕でも、自分の体にはまだ満足していない。完成度でいうなら70パーセントくらいだ（なので、この本のカバーでは脱いだが、自分の体にダメ出ししたくなるし、べつの意味で恥ずかしさがある）。

というのも、やはりプロ野球選手という職業を考えたときに、僕の理想通りの体をつくってしまうとムキムキマッチョになりすぎてしまって、間違いなくパフォーマンスに支障が出たはずだ。だから、現役時代は筋トレをちょっとセーブしていたのだ。

もしプロ野球選手じゃなかったら、理想としてはもう少し大胸筋を大きくしたかった。あとは、肩回りももう少しデカくして、ボディビルの世界で〝メロン肩〟と言われているやつを僕もつくってみたかった。でも、現役時代は肩が思うように回らなくなっては困るのでガマンしていた。今はもう引退したので、そのうち僕の両肩には見事なメロンが二つ乗っかることでしょう。

理想通りのパーフェクトボディだと気持ちが上がり、楽しい人生を送ることにもつながる。ただ、それは長らく、現役を退いてからのお楽しみだった。筋トレの申し子・糸井嘉男はまだまだ伸びしろがある。これからが僕の真骨頂だと思ってください！

つい熱くなって前置きが長くなってしまったが、そろそろ僕のトレーニングを紹介しよう。一部は「自宅でやるトレーニング」も紹介しているので、本を閉じたら早速やってみてほしい。

まぁ、基本的には「家でやらずにジムに行こうよ！」というのが僕の考えだけど。

- **デッドリフト（脊柱起立筋など）**
- **スクワット（臀部、腿など）**
- **ベンチプレス（大胸筋など）**
- **ヒップスラスト（大臀筋など）**
- **ハイロー（広背筋など）**
- **アシストチンニング（広背筋など）**
- **脚のトレーニング（おもにハムストリングス）**
- **プランク（体幹）**

それでは、じっくりご堪能ください！

筋肉の名称

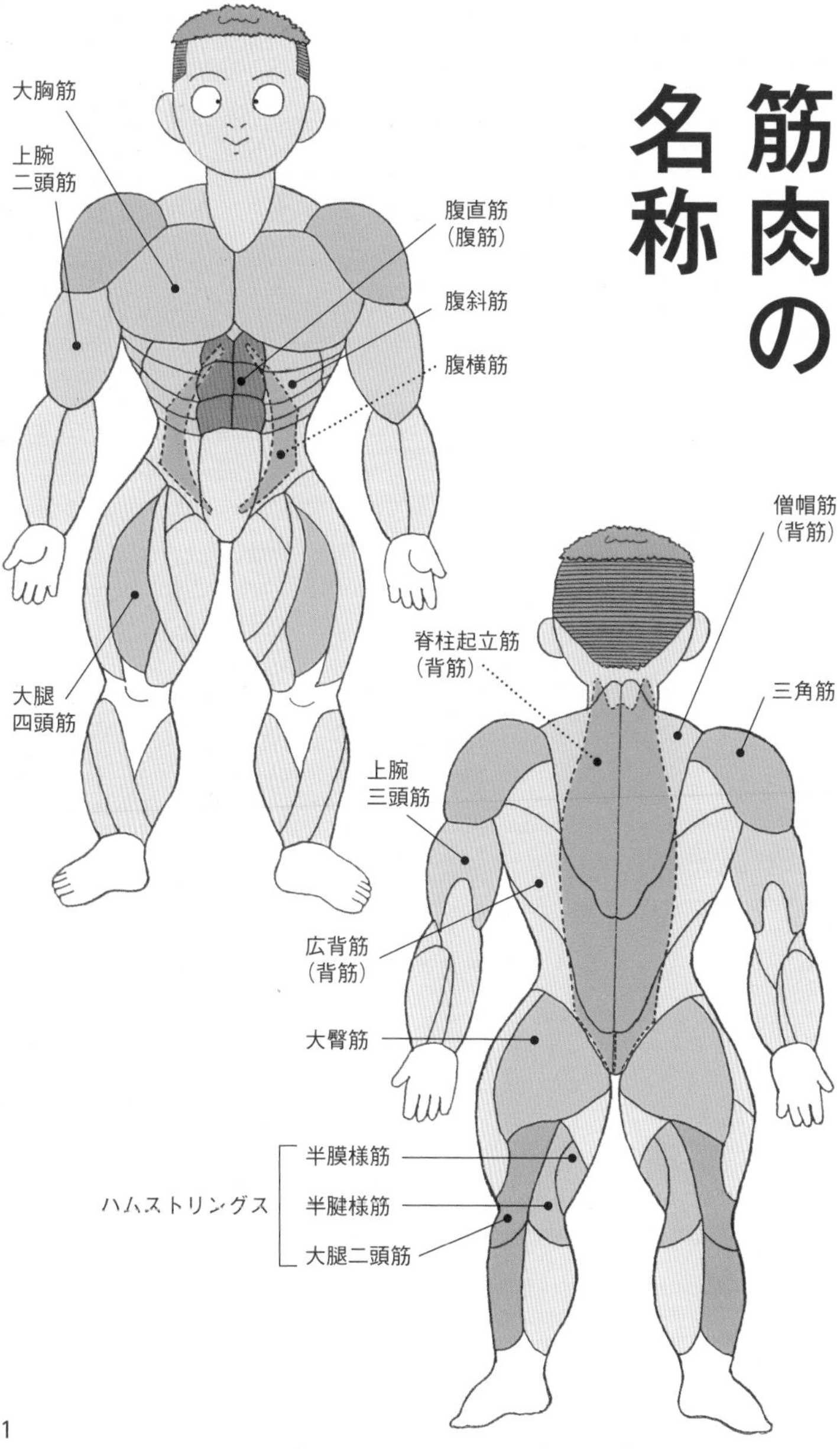

大胸筋
上腕
二頭筋
腹直筋
（腹筋）
腹斜筋
腹横筋
大腿
四頭筋
僧帽筋
（背筋）
脊柱起立筋
（背筋）
三角筋
上腕
三頭筋
広背筋
（背筋）
大臀筋
ハムストリングス
半膜様筋
半腱様筋
大腿二頭筋

1

デッドリフト

背筋を伸ばして姿勢よく
腰痛が怖いあなたにも
オススメ！

大きな筋肉を鍛えられる基本中の基本として、筋トレ界には「ビッグ３」と呼ばれるトレーニングがある。その一つがコイツだ。

デッドリフトをやると猫背が治って姿勢がよくなったり、そのおかげで腰痛が予防できたりと、いろんなプラスの効果がある。姿勢のよさはカッコいい体の基本なので、まずはここからスタートしてはどうだろう。

野球でいうと、バッティングでボールを押し込むときに背中全体の筋肉を使うので、僕は強い打球や飛距離アップが期待できると考えている。なので、ホームランを打ったあとの大歓声が聞きたくなったらデッドリフト。

ポイントは、なるべく背中全体でバーベルを持ち上げるように意識すること。そして、全筋肉に集中して、ゆっくりした動作で行うこと。

バーベルを持ち上げるときに背骨や腰を丸めると痛めてしまうので、背中全体をまっすぐキープすることを忘れずに。

ケガの原因になるため、背中と腰はまっすぐに。
重量は、筋肉への刺激がある、かんたんには持ち上がらないレベルで調整。
筋肉への負荷を感じながら、ゆっくり膝を伸ばして持ち上げる。
IVANKO
20KG
USA
HAMMER
STRENGTH

鍛えられる部位

脊柱起立筋、僧帽筋、広背筋など、背中全体の筋肉をまんべんなく鍛えることができる。大腿四頭筋、大臀筋、ハムストリングスにも有効。バーベルを持ち上げる動作があるので、上腕二頭筋にも効く。

デッドリフトのやり方

①足を肩幅くらいに開き、つま先はまっすぐ前に向ける。足(脛)とバーベルのあいだは、拳が一つ入るくらい開けておく。
②お尻を引きながら膝を曲げて、肩幅と同じくらいの幅でバーベルをしっかり握る。
③背中が一直線になるように意識し、膝関節と股関節を連動させて息を吐きながらバーベルを上げる。上げ切ったときに肩から股関節、足までがまっすぐになるよう意識する。
④１、２秒キープしたらバーベルをまっすぐ下げる。

スクワット

大きなエネルギーを生み出す
強い下半身をつくる
ダイエット効果もあり！

ビッグ３の一角スクワットは、下半身強化の基本中の基本。

下半身がしっかり強化できると、日常生活でも競技中でも大きなエネルギーを生み出すことができる。コイツは下半身以外に体幹や脚も使う全身運動なので、筋力強化に加えてダイエット効果もある。効率的に痩せたいあなたは積極的に取り入れよう。

ポイントは、なるべく深くしゃがみ、筋肉全体の収縮を意識しながらやるのみ。それによって、あらゆる動作の土台が安定するようになる。

野球においてもすべてのプレーの土台ができ、その結果どんなパフォーマンスでもブレない下半身ができ上がる。体幹から力が抜けないよう注意しながらやってみよう。

しっかり伸ばしたまま動作する。
少なくとも90度になるまで曲げる。
お尻から下、下半身の大部分への刺激（収縮）を感じながら行う。

鍛えられる部位

大臀筋、大腿四頭筋、ハムストリングスなど下半身を全体的に鍛えられる種目。正しいフォームを維持することで腹筋や背筋、ふくらはぎにも効果的なので全身運動にもなる。

スクワットの手順

①つま先をまっすぐ前に向けて脚を肩幅に開き、首の後ろでバーベルをかつぐ。
②背筋を伸ばした状態をキープして、膝が少なくとも90度になるまでお尻を下に落とす。膝がつま先より前に出ないようにする。
③膝を伸ばして、もとのポジションに戻る

自宅でやるなら

やや強度が高めのブルガリアンスクワット（片足スクワット）がオススメ。イスなどでちょっとした高さをつくり片足の甲を乗せ、一方の脚の膝を曲げて腰を落とす。ポイントは曲げる脚のかかとに重心を置くこと。腰を反らせたり、膝が前に出すぎたりしないように注意しよう。

ベンチプレス

パッと目につく
魅惑の胸筋アップで
オーラ全開！

キレイなボディに厚い胸板は欠かせないと言っていいだろう。胸に筋肉がしっかりついていると体に厚みが出て、それがその人の存在感、つまりオーラにもつながる。ビッグ３のラストは、そんな上半身をつくってくれるベンチプレス。もう一度ビッグ３で鍛えられる筋肉をおさらいしてもらうと、これらによって全身がバランスよく鍛えられることがわかるはずだ。

現役時代は、野球選手にとって大事な肩への負担をなるべく減らすために、僕はバーの軌道が固定されたスミスマシンを使ってインクライン（傾斜あり）でベンチプレスを行っていた。普通のベンチプレスよりもフォームが崩れにくいため、動作にも集中できる。

ポイントは、持久力のある筋肉をつくるためにレップ数を多くすること。それによって大きくて柔らかく、しなやかな筋肉がつくられる。野球はもちろん、持久力が必要な競技をやっている人には、このやり方がオススメ。ただし、ベンチプレスのやり方にはいろいろな種類があるので、興味があれば本当に自分に合った方法を探そう。

バーベルはイッキに持ち上げ、ゆっくり下ろす。

鍛えられる部位

メインは大胸筋。その他、上腕三頭筋（腕の裏側の筋肉）や三角筋（肩を覆っている筋肉）など、胸周辺や腕まわりの筋肉をバランスよく鍛えることができる。

ベンチプレスのやり方

（スミスマシン・インクライン）

①バーが鎖骨と胸のあいだあたりに下がってくるように、ベンチをセットする。
②肩幅より少し広めの幅でバーを握る。
③肩甲骨を寄せて肩を落とし、胸を張るイメージで、息を吐きながらバーを上げる。
④胸の張りを意識しながらバーを下げる。

胸が張っていることを
つねに意識する。
肩幅より少し広い位置
でバーを握る。

ヒップスラスト

安定感とスタイルを両立する 女性にも人気の〝尻トレ〟！

男性でも女性でも、プリッと上がったお尻は若々しさを感じさせる。お尻が上がっていると脚が長く見えるので、体全体のスタイルもよくなる。さらに、体幹の土台になる部位なので、ここが強化されていれば姿勢の維持や腰痛予防も期待できる。

野球でいえば、ケツ全体がとくに安定するようになるので、パフォーマンスにおいて強烈なエンジンを得たことになる。力強いバッティングはもちろん、守備での急な反応のときにも軸がブレなくなる。初心者や時間が取れないみなさんにとっては、スクワットもやっておけば、下半身の筋トレとしてはじゅうぶんではないかと思う。

ポイントは、大臀筋からハムストリングスの筋肉を大きく動かすこと。それらの筋肉に刺激が入ってることをしっかり意識しながらやろう。

ヒップスラストのやり方

バーベルを持ち上げるときに反らさない。
お尻とハムストリングスの力を意識し、バーベルを上げ下げする。
肩幅くらいに開く。足裏は地面につける。

①肩甲骨のあたりをベンチなどで支え、足裏を地面につけて膝を曲げる。脚は肩幅と同じくらいに開いておく。バーベルを腿の付け根に置いてスタンバイ。
②バーベルを腰骨付近に固定し、足裏で地面を押すようにして、息を吐きながらお尻の力でバーベルを持ち上げる。腰を反らせないように注意。
③息を吐きながらお尻をおろす。完全に着席せず、お尻を少し浮かせたまま連続して行う。

鍛えられる部位

メインは、臀部の表層にある大臀筋。次に、太もも裏のハムストリングス（大腿二頭筋、半腱様筋、半膜様筋）。補助的には大腿四頭筋も鍛えることができる。いずれも大きな筋肉なので、下半身全体を広範囲にわたって鍛えられる。

自宅でやるなら

バーベルなどの負荷がないだけで基本の動作は同じ。上がったところでお尻にキュッと刺激を入れてみよう。負荷がないぶん、回数で勝負だ！

ハイロー　5

〝頼れる背中〟は
見た目にも野球にも
必需品

大人の男の大きな背中は、やっぱり魅力的だ。そこをめざすなら必要なのは、背中を広く見せる広背筋。ここを鍛えることで逆三角形の身体がつくれるので、カッコいいオーラを出すことができる。もちろん胸を鍛えるベンチプレスもやっておけば（いや、むしろやるべき）、完璧だ。

野球では、バッティングでのメリットが大きい。たとえば変化球などで体勢を崩されても、広背筋を鍛えておくと泳ぎながらも強い打球が打てるようになる。野球選手にとっては欠かせないトレーニングの一つと言っていいだろう。

ポイントは、腕の力で引っぱるのではなく、背中の力、とくに外側の広背筋の力を使って引くこと。ゆっくりでもいいので広背筋が使われているかどうか意識しながらやってみよう。終わったときに広背筋の下のほうが疲労していれば正解だ。

肩甲骨を寄せるイメージで引く。
腕の力で引っ張るのは間違い。
背中の外側に効いていることを意識。

鍛えられる部位

メインは背中の外側にある広背筋や、背中の上部から肩まわりを覆う僧帽筋。補助的には腕の表側にある上腕二頭筋にも効果的。

ハイローのやり方

①パッドが胸の高さにくるようにイスをセット。パッドは、手を伸ばしたときにグリップがギリギリ指に触れるくらいにセットする。

②グリップを握り、息を吐きながら肩甲骨を寄せるイメージで脇を締めて引く。

③可動域を大きくとって、背中のストレッチ（伸び）を感じるくらいまで戻す。

アシストチンニング

さらにワンランク上の魅力と機能を兼ね備えた背中にレベルアップ！

ハイローに加えてもう一つ、この種目をやっておくとさらに魅力的、かつ機能的な背中をつくり上げることができる。もっと上をめざしたい方はぜひ取り入れてほしい。

ポイントは、胸を張ること、背中を反らせること。腕の力ではなく背中の力で体を上げること。また、動作のときに肩が上がらないように注意。両脚をしっかりくっつけたり、足首を組んでみたりすると姿勢が安定しやすくなる。

ネガティブ時（下がるとき）にゆっくり下ろすと、より広背筋に負荷がかかり強靭な筋肉ができあがる。

僕はこれによって、不利な体勢からでもより強い打球が打てるようになったし、投球への対応力という意味では技術もしっかり上がったと感じたので、バッティングのレベルアップはもちろん、魅せる背中を仕上げたい人はぜひチャレンジしてほしい。

6

上がるときに肩の位置はそのまま。腕の力は使わない。
背中は反らせ、胸は張る。
脚や足首を交差させると、フォームが安定する。

アシストチンニングのやり方

①台の上に膝立ちになり、広めにグリップを握る。
②胸を張った状態で、背中をやや反らせることを意識しながら肘を曲げ、上がったところで１、２秒キープ。
③ゆっくり下ろして肘を伸ばし、広背筋を伸展させる。

鍛えられる部位

メインは広背筋。その他、上腕二頭筋にも効果がある。背中の広がりをつくるのにとくに効果的な種目。

自宅でやるなら

うつ伏せになり、上体を少し起こして肘を90度に曲げる。肩甲骨を近づけるイメージで肘を背中のほうに引く。さらに強度を高めたい場合は、両手にダンベル（もしくはペットボトルなど）を持ってやってもＯＫ。

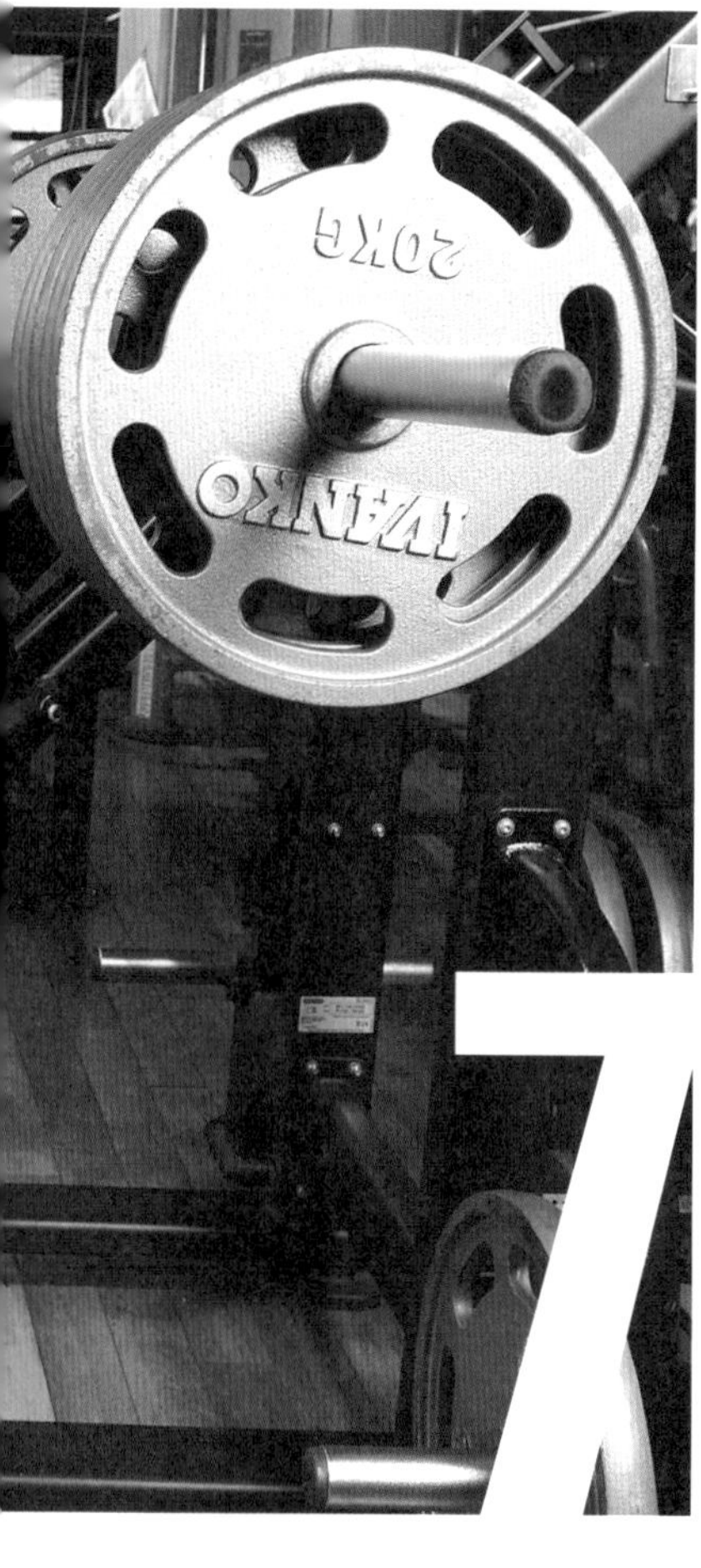

走りを追求したいならコレ！ ３００盗塁を実現させた〝脚トレ〟三種

走る動作において欠かせない脚のトレーニング。基本となる種目はレッグプレス、レッグエクステンション、レッグカールの三つだ。

ポイントは、ハムストリングスの端から端までの筋肉の伸展・収縮を意識しながらやること。それによって、どれだけ走っても疲労の溜まりにくい筋肉、ケガしにくい筋肉ができる。ハムは故障しやすい部位なので、とくにていねいにやろう（初めてチャレンジするときは、重量やパッドの位置などをジムのトレーナーさんに確認すると、より安全！）。

7

鍛えられる部位

ハムストリングス、大臀筋、大腿四頭筋、内転筋群

脚のトレーニング

レッグプレスのやり方

両脚をやや逆八の字にして肩幅に開き、膝の角度が90度になるようにイスの位置を調整する。息を吐きながら足のプレートを押して膝を伸ばし、もとに戻す。

レッグエクステンションのやり方（下）

深く腰かけ、バーを握る。膝が90度より深く曲がっている状態でスタンバイ。息を吐きながら膝を伸ばし切り、もとに戻す。

レッグカールのやり方（左ページ）

イスにうつ伏せになり、ハムストリングスを意識しながら膝を曲げ、ゆっくりもとに戻す。

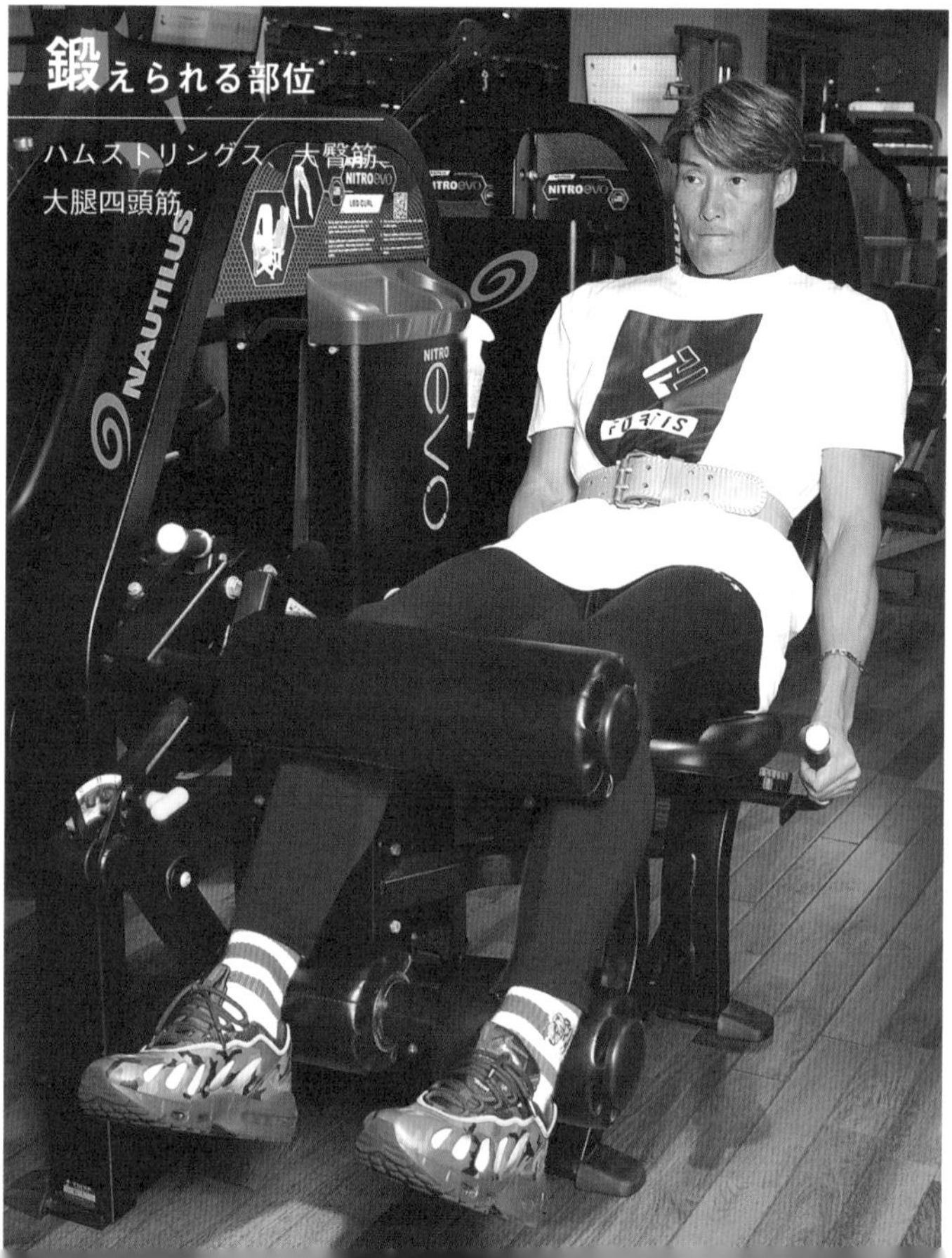

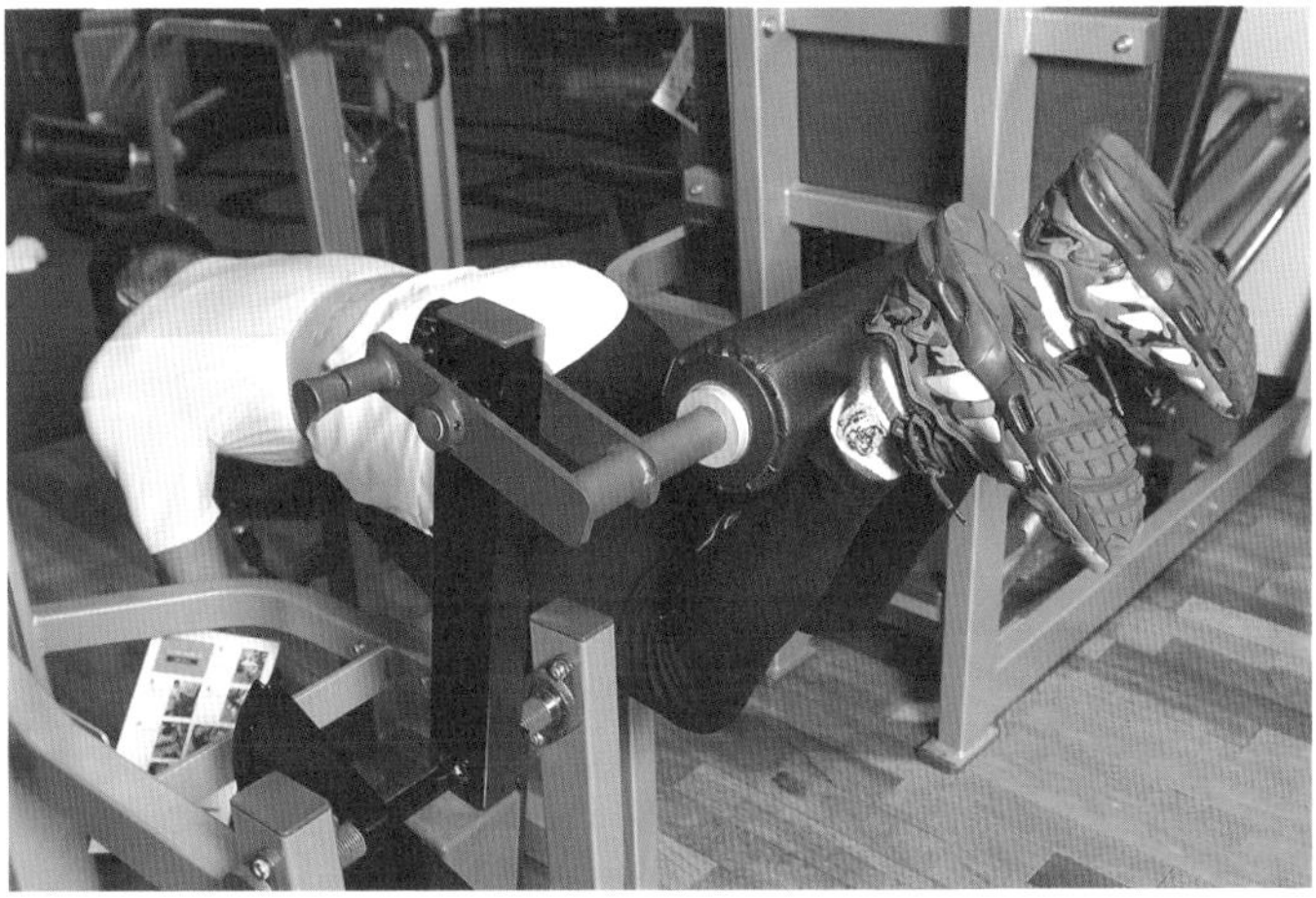

鍛えられる部位

ハムストリングス

自宅でやるなら

①うつ伏せになり、チューブを片方の足首にかけ、ハムストリングスを使いながら膝の曲げ伸ばしをする。

②仰向けになって片脚を抱え、軸足はかかとで支える。軸足のハムストリングスを意識しながらお尻を上下させる。

かの筋肉にもよくない影響が出てしまう。すると、アスリートであればもちろんプレー全体にも影響するし、ケガにもつながる。

これまで紹介したトレーニングたちも、体幹がしっかり機能していればさらに効果がアップするので、すべての筋トレチャレンジャーは、まずプランクで体幹に刺激を入れてから、ほかのメニューに入るのがオススメだ。

最初にやるべきトレーニングを第2章の最後に紹介したのは、ここまで熱心に読んでくれたあなたなら、まさに今ここから、きっと近いうちにビッグ3から振り返って、取り組んでくれるはずだから！

プランク

プランクを
制する者は
体づくりを制する

　体幹は何においても欠かすことのできない部位で、すべての筋肉に対して司令塔のような役割を果たしている。だから体幹をおろそかにしたり、弱らせてしまったりすると、ほ

鍛えられる部位

シックスパックと呼ばれている前側の腹直筋、脇腹から肋骨にかけて広がる腹斜筋、深層にあるインナーマッスルの腹横筋など腹筋全般。胸や背中も含めた体幹全体や、肩関節・股関節まわりの小さな筋肉も鍛えることができる。

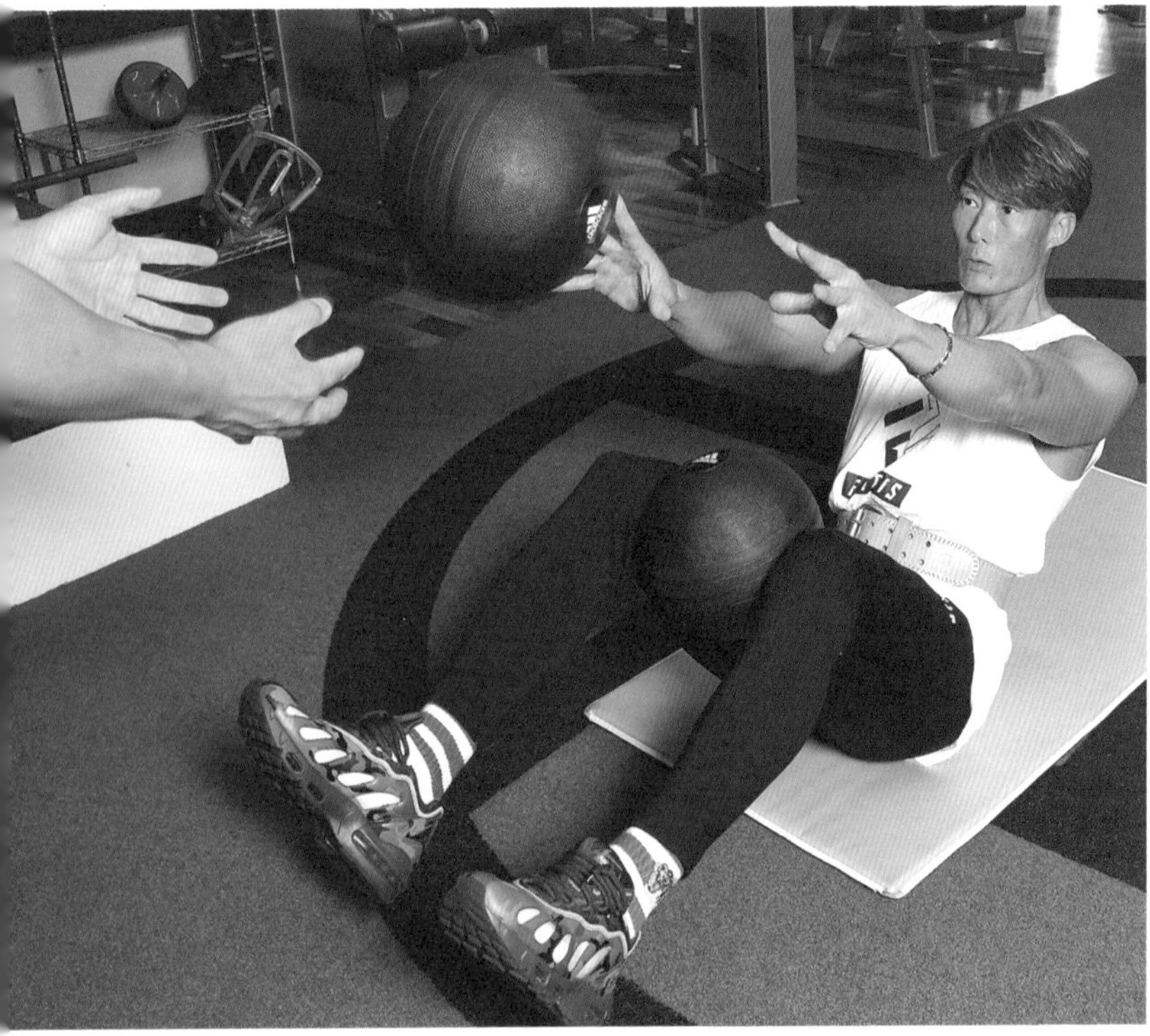

プランク（ノーマル）のやり方
（前見開き）

①うつ伏せになった状態から、前腕・肘・つま先を地面につける。②全身を持ち上げ、そのまま60秒キープ。初心者は30秒からスタートしてみよう。③お尻が上がったり下がったりしないよう、頭からかかとまで一直線になることを意識する。

メディシンボールを使ったプランク
（右ページ）

上級者にぜひやってほしいのが、メディシンボールを使った体幹トレーニング。やり方は、上体を斜めにした状態で体幹に刺激を入れ、その姿勢をキープしたままメディシンボールを使ってキャッチボールする。動作を伴うので、体幹強化をパフォーマンスに連動させるイメージができるだろう。

1

ホントはサッカーをやりたかった少年時代

僕の父は元トライアスロンの選手で、今でもバリバリのシニアアスリートライフを送っているのだが、この父親の存在がプロ野球選手としての僕の人生に大きな影響を与えた。自転車を買ってもらえず、どこまでも走らされたエピソードはお伝えした通りだが、それ以外にも父が走りに行ったり、泳ぎに行ったりするときは、いつも連れていかれて同じことをやらされた。大人についていくのは相当キツかったので、心身ともにだいぶ鍛えられた。

その父は根っからの野球好きだったので、うちの男三兄弟は全員野球をやっていた。

僕が小学6年のとき、Jリーグが開幕。キラキラした紙吹雪のなか、赤いスーツ姿で現れたキング・カズの姿は、野球少年だった僕の心をもわしづかみにした。そして、僕もJリーグ旋風に乗っかって学校の友達とサッカーをするようになった。

しかし、「中学生になったらサッカー部に入りたい」と父に言うと、「野球やれ！」とシバかれた。いま思えば、それは正しいお導きだった。ありがとう！

中学に入ると、父の言う通り軟式野球部に入部した。当時は毎日、弁当箱を2つ持って学校に行っていた。最強遺伝子と大食いの相乗効果で、2年生になるころからどんどん体が大きくなり、卒業するころには178センチになっていた。

その後、京都府立宮津高校に進学。田舎の公立高校でプロのスカウトが来るような環境ではなかったが、3年生になる年の春の大会で対戦したピッチャーがプロ注目選手で、そこに来ていたスカウトの方が偶然、その相手チームのピッチャー（僕のことです）を見つけてくれた（実際、スピードは僕のほうが速かった！）。

のちの話では、僕は140キロ以上を投げていたらしい。学校にスピードガンはなかったので自分がそんなスピードを出しているとは知らなかったが、「もっと注目されて、いつかプロ入りしたい」と意識しはじめた。

第3章
コンディショニングは体づくりのパートナー

体づくりを支えるコンディショニング

この章では、僕の体づくりをサポートするコンディショニングについて、大きく「食事」「睡眠」「ストレッチ」の三つに分けて紹介したいと思う。

このキャラのせいか（もちろん素なんですけどね）、なんでもノリと勢いでやっていると思われがちだが、我ながら繊細な一面もあって、現役時代はグラウンドの外でもけっこういろんなことを考えていた。

とくに2009年に一軍に定着したあとは、ケガや故障で離脱したくないという思いから、コンディショニングをよりいっそう心がけるようになった（ケガや故障をしてしまっても、入念なコンディショニングで復帰に向けた体づくりができた）。

コンディショニングは体づくりの大切な要素であり、僕はいつも筋トレとセットで考えている。そして、年齢を重ねるにつれてその意識はどんどん高くなっていった。コンディショニングにしっかり取り組んだからこそ、フワクを過ぎてもプロ野球の一軍でプレーできたとさえ思う。

これからの人生を、体づくりと一緒に考えたいあなたであれば、僕のコンディショニングで参考になりそうなものは、ぜひ取り入れてみてほしい。

コンディショニングと食べ方

体づくりとコンディショニングのことを語るならば、まず食事の話は避けて通れない。毎日のことだけに、みなさんも興味があるのではないだろうか。

とはいえ、僕は基本的に好きなものをガマンすることなく、なんでも食べている（現役時代もなんでも食べていた）。とくに甘いものは大好きで、和菓子も洋菓子もイケる。第1章でもお話ししたが、セブンイレブンの口どけチョコのオールドファッションがここ数年のお気に入りで、食べたくなったら躊躇なく食べている（心地よい罪悪感はみなさんと一緒です！）。

なぜなら、「効率的に筋肉をつけるための食事」はたくさんあるのだが、基本的に何かしばりがあることが多いので、ガマンばかりしてストレスが溜まってしまうほうがマイナス、という結論に達したから。

野球選手はほぼ毎日試合があるので、気軽にできる気分転換としても、食べすぎさえしなければ、好きなものを食べるのはいいことだと思う。ストイックにムキムキな体をめざすつもりなんてまったくないみなさんも、そんな意識でいいんじゃないでしょうか。

ただ、僕は一応アスリート（引退した今もスピリットはバリバリのアスリート）なので、ストレスにならない範囲での工夫はしている。

たとえば焼肉に行くと、タンやハラミなど、脂肪分の少ない肉を中心に食べるよう心がけている。なので、上タン、上ハラミといったいい感じに脂の乗った上のメニューを頼むことはなく、赤身の多い普通の肉を選んでいる（ケチっているのではない。あえて選んでいる感を出しながら）。

食べる順番にも気をつけていて、必ず野菜など食物繊維の多いものからスタートする。その後タンパク質（肉・魚など）、炭水化物（〆のごはんなど）の流れで食べる。これは糖質の吸収をゆるやかにする食べ方なので、老化につながる体の糖化を予防してくれるし、食べすぎ防止にも役立つと言われている。

みなさんも食べる順番を守る程度なら、ストレスなくできるのではないだろうか。いきなり肉やごはんにがっつくのをやめてみよう！

僕は何を食べているのか

多くのアスリートにとって炭水化物は欠かせない。野球選手の多くも、試合前にガッツリ摂っている。マラソンを趣味にしている方などは知っていると思うが、これはカーボローディングといって、2時間以上続く競技をする際に、必要なエネルギーを体内に蓄えるための食事法だ。野球は約3時間と長いスポーツなので、多くの選手がカーボローディングを取り入れている。

具体的にどんなものを食べるかというと、球場の食堂で出されるうどんやパスタ、ラーメンなど。ごはんも炭水化物だが、僕は試合前には麺類を好んで食べていた。何を食べるかはその日の気分で決めていた。

たまにゲンを担ぐこともあって、もしうどんを食べてヒットやホームランを打てたら、次の日もまたうどんを食べようと思った。些細なことかもしれないが、こういうことからも試合への士気を高めていくことがあったのだ。

巷では炭水化物を抜くダイエットが流行ったこともあったそうだが、プロ野球選手はシーズンを通じて戦える体力が必要なので極端な食事制限をすることはなく、残念ながらダイエットを目的にした体づくりをめざしたい方に向けて、何を食べるべきか話せることは少ない（いずれ勉強したい）。

ただ、そんな僕が唯一やったことのある制限が、シーズンオフに試した食べないこと、ファスティング（断食）だ。これならアスリートでなくても参考になるかもしれない。

ファスティングには、腸内環境をいったんリセットして栄養を吸収しやすくする効果があると言われている。断食といってもいっさい何も口にしないわけではなく、その期間（1日でもいいし、一週間かけて行う人もいる）は酵素ジュースなどを飲む。

たしかに、体が軽くなる感覚や、腸内の働き、消化がよくなった感覚はあった。ただ、人によって合う合わないがあると思うので、興味のある人だけやってみるといいと思う。

ちなみに僕は、ここ数年はやっていない。やっぱり食べたいときに食べたいものを、できる工夫をしながら食べる。これが僕にとってはいちばんだ。

体重はコンディションのバロメーター

食事の話のついでに、体重のことについても少しだけ触れておこう。

シーズンによって、たとえばバッティングを強化したいと思う年には体重を少し増やして臨むこともあったし、スピード重視で行こうという年は「今年はあまり増やさないでおこう」と意識したこともあった。

シーズンが終わると、僕は必ず一週間ほど完全オフを取っていた。その期間は筋トレや技術練習なども一切せず、ケアをしながらゆっくり過ごすことにしていた。

完全オフの期間は消費カロリーよりも摂取カロリーのほうが上回ってしまうので、どうしても体重が増える。オフが明ければすぐに筋トレを始めていたが、シーズンオフは重量の高いトレーニングをするので、そのぶん筋肉量が増えて、いつもだいたい100キロくらいになった。

その状態で春のキャンプを迎えることになるが、夏場になると食欲が落ちて6キロほど減ってしまうので、ある程度体重を維持するため（ときには増やすため）に無理やり食べることもあった。さすがに6キロも違うとパフォーマンスにもなんらかの影響が出てくるからだ。

先ほどもお伝えした通り、プロ野球選手はシーズン終盤まで体力を維持しなくてはならない。そのためにも自分の適正体重を知っておけばコンディションがわかりやすいので、あとはそれをコントロールすることを考えればいい。僕は体重管理も食事とセットで、コンディショニングの一つとして考えている。

最強のコンディショニングは睡眠

食事では好きなものを食べるという話をしたが、僕はどちらかと言えば寝たいときにしっかり眠る、つまり睡眠のほうが、コンディショニングとしては大事だと思っている。

極端な話、一食抜いて試合に出るよりも、じゅうぶんな睡眠が取れていないほうがパフォーマンスに支障が出るからだ。

ただし、僕はもともと眠つきが悪いとか、夜中に起きてしまうとか、そういった睡眠の悩みはなく、こだわりといっても枕だけ（低くてふわっとしたのが好み）。高価なマットレスなどを買いそろえているわけでもない。アラフォーになると早い時間に目が覚めてしまう人もいるみたいだが、40代になっても今のところそんな気配もまるでない。

そういうわけなので、本当に睡眠に悩んでいる方には申し訳ないが、僕から言えることは、やっぱり「体を動かしてみませんか？」に尽きる。

実際に僕も本格的に筋トレを始めたころ、とくに一軍の駆け出しのころは、試合で活躍すると寝つきが悪いことがけっこうあった（ちなみに活躍できなくて眠れないことはなく、「とりあえず寝て忘れよう」という図太さは持っていた。僕的にはこれもある意味コンディショニング）。

ところが筋トレを続けるうちに、今のように、いかなるときでもよく眠れるようになった。僕の考えとしては、試合だけでなく筋トレでもアドレナリンを出して交感神経を活発にしているから、休むときはその反動でしっかり副交感神経が優位になってくれているのだと思う。

みなさんも、たとえば期限に追われている作業を夜中にやっても捗らず、でも翌朝やってみたらみるみる進んだという経験があると思う。コンディショニングとしての睡眠に異論はないと思うので、なるべく自分に必要な睡眠時間は最優先で取りましょう！

そして、よい睡眠はしっかり体を動かしてナンボなので、眠れない人こそ、いい汗をかく時間を確保するべきだと思う。

筋トレの効果も高めるストレッチ

筋トレをやっている人にとっては常識中の常識だが、筋トレ前後のストレッチは欠かさずやっている。僕は毎回、まずは10～15分ほどかけてストレッチをして体を目覚めさせる。
メニューはその日のコンディションによって決めているが、だいたいこんな感じだ。

・股関節のストレッチ（開脚など）
・体幹のストレッチ（上体ひねりなど）
・肩まわりのストレッチ（肩甲骨ほぐしなど）

ストレッチで意識するのは関節まわり。現役時代は、とくに肩や股関節など、大きな関節は入念にやっていた（もちろん今も）。可動域を広げておくことでケガや故障の防止につながるし、体の動きがよくなるのでトレーニングの効率が上がる。同じ理由で、筋をしっかり伸ばして柔軟性をつけておくことも必要だ。

関節まわりと筋の収縮。この二点を意識してストレッチをやるのとやらないのとでは、筋トレの効果にも大きな差が出てくる。なんとなくストレッチをやっていても全然意味がない。ちゃんと意識を向けないと体は目覚めてくれないし、体が筋トレを受け入れる準備ができない。

みなさんも筋トレをする前には「可動域がちゃんと広がっているな」「筋がしっかり伸びているな」と意識を向けながらストレッチをやってほしい。

筋トレが終わったあとのストレッチも重要だ。筋肉のこわばりや疲労をやわらげてくれる効果があるので、こちらもめんどくさがらずにやってほしい。

一般的には、筋トレ前（運動前）のウォーミングアップには動的ストレッチ（体を動かしながら関節の可動域を広げて筋肉を温める、ラジオ体操のようなじんわり汗をかく動き）をメインに、筋トレ後（運動後）にはクールダウンとして静的ストレッチ（関節を可動域より広めに固定した状態で一定の時間筋肉を伸ばす柔軟体操のようなイメージ）をメインにやるといいと言われている。ユーチューブなどでも見られるので、具体的なやり方を調べて参考にしてみてほしい。

筋トレの申し子としてはこんなことは言いたくないのだが、「いきなり筋トレからスタートするのはちょっと……」という方（この本を読んでいる中にそんな人はいないと信じたい！）が万が一いるのならば、ストレッチだけでもいいから朝起きたときと夜寝る前にやってみるといい。それだけでも毎日のコンディションは、断然上がる。

マッサージいらずの筋肉

コンディショニングといえば、まっ先に思い浮かびそうなのがマッサージ。街のマッサージ屋さんで癒されるのが好きな方も多いでしょう。プロ野球選手がマッサージを受けている場面も、テレビのドキュメントなどでよく見る。

でも僕は、マッサージを受けることに昔からあまり積極的ではない。指圧系も、スポーツマッサージもだ。これはたんに好みの問題なので、とくにやらない理由があるわけではない。「あまり必要を感じていない」と言ったほうがいいかもしれない。

というのも、今までマッサージをしてくれたトレーナーさんからは、「糸井さんの体はすぐにほぐれる」「筋肉に弾力がある」と言われるのだ。とくに筋肉の柔らかさは、ほとんどのトレーナーさんがびっくりする。自分で言っちゃうが、もともといい筋肉をしているので、マッサージ要らずの体質なのかもしれない。

もし筋肉の張りを回復させたいのであれば、ストレッチは欠かさず、しっかり食べて寝るのがいちばんだと思っている。なるべく人の手を借りずに、自然治癒力で足りるなら、それでいい。

とか言いながら、フワクを過ぎた僕、最近は鍼やマッサージなどにも少しずつお世話になるようになった。年齢や体の変化によってケアの方法を変えていくことも必要だ。そして、ケアは問題が起こってからではなく、先手を打つことが大事。そのためにも、つねに情報にはアンテナを立てておく。これぞプロフェッショナル！

筋トレ効果⁉ 動体視力も衰えず

「球が見えにくくなったりしてませんか?」

僕は野手だったので、年齢を重ねるようになってから、とくにバッティングに必要な動体視力について聞かれることがよくあった。そのたび、なんだかオッサン扱いされているような気分になったものだが、そこはポジティブ思考の僕、これは知識をつけるタイミングなのだと考えて、2020年、39歳になった年のオフに初めて動体視力の専門家の先生のもとを訪ねた。

実際に僕の状況がどのレベルなのかテストしてもらう目的もあった。まぁ、たしかに体がいくら動いても、目の衰えはどうしようもないという話はよく聞くし、正直気にはなっていた(バーベルで視力は回復しないし、SNSにもハマり気味だったし)。

結果、39歳時点の僕の動体視力はまったく衰えていないことがわかった。さすが、小

さいころから読書に縁がなかっただけのことはある！（あくまで持論）

これは完全なる僕の憶測だが、普段から筋トレをやって成長ホルモンを出したり、体のことに気を遣ったりして「老化しない体」をつくっているので、もしかしたらそういった全身のアンチエイジング効果が視力にも影響しているのかもしれない（と、勝手に筋トレと結びつける）。

ちなみに先生によると、バッティングではボールの軌道一点を見つめて打つタイプと、全体をぼんやりと見て打つタイプがいるらしい。僕は完全に後者で、ボールが来たときには全体像をとらえて、ふわっとした感覚の中で打っていた。僕みたいなタイプは、無理にボールに集中しようとするとダメらしい。

この分野の話は最近になって興味を持ったばかりなので、もっと知識を深めたいと思っている。まだまだ好奇心旺盛なオーバーフワクの僕、老眼になるどころか、進化の伸びしろは果てしない。

2

遅咲きの超人

僕は高校生のときに初めてプロ入りを意識したが、ドラフト指名が確実とはいえない状況で頑張るよりも、4年後を見据えて大学に進学し、もっと注目される実績を積もうと考えて、近畿大学に進学した（こういうところは意外と堅実なんです）。

近大時代は4年時の春季リーグでエースとして登板し、完封勝利2回を含む5連勝と大活躍。なんと、リーグMVP、最優秀投手、ベストナインの三冠まで獲得！　これはもう、プロ注目のスーパースターです！

大学進学を選んだ時点で、僕はドラフト1位でのプロ入りしか考えていなかった。だからなんとか4年生で活躍しなくてはと思っていて、そのリーグ戦では「今だ！　ここですべて出すんだ！」と自分に言い聞かせて、力を爆発させた。このころは、いわゆるゾーンに入った感じで、何をやってもうまくいくような感覚があった。内心、「これは行けるやろ！」と思っていた。

そして、計画通りプロから声をかけていただき、2003年のドラフトでファイターズに入団した。

とまあ、ここまで最強遺伝子を持つ超人としての、いっけん順風満帆に思えるアマチュア野球人生を早送りでお伝えしたわけだが、この糸井嘉男物語には“B面”がある。

僕は子ども時代から病気やケガにけっこう泣かされてきたのだ。

少年野球チームのテスト日には髄膜炎で入院して結局テストを受けられなかったし、中学の軟式野球部時代は分裂膝蓋骨（膝の皿の骨が二つ以上に分れてしまう症状）で手術したこともある。

高校の硬式野球部のときも肩の手術を経験して、試合に出られるようになったのは3年生になってから。さらに大学時代も故障が続き、デビューしたのは3年生の秋のリーグ戦だったのです（ケガのことは、話すだけでもテンションが下がる……）。

第4章

「体」から「技」へ——人生を変えた野手転向の軌跡

ピッチャー失格の烙印

これまでの3章で、体づくりに対する僕の飽くなき探求心と愛が、じゅうぶん伝わったのではないだろうか。

それでは、「心・技・体」の「体」を充実させた結果、僕の野球人生はいったいどうなったのか。ここからは僕の現役時代のエピソードにも触れながら、野球人・糸井嘉男について語っていきたいと思う。

僕のプレーを日ごろから見てくれていた野球ファンのみなさんには「あのとき、そうだったのか！」と楽しんでもらえると思うし、僕の現役時代をあまり知らない方（魅力的なカバーに惹かれてジャケ買いしてしまったそこのあなた！）には、プロ野球選手としての糸井嘉男を知ってもらえるいい機会になれば嬉しい。

さて、この本の冒頭でもお伝えした通り、僕はプロ入り3年目でピッチャーから野手に転向した。そのときのことを、もう少しだけ詳しくお話ししたい。

僕は2004年、ファイターズでピッチャーとしてプロ野球人生をスタートさせた。プロの世界に入って練習やトレーニングがキツいと感じたことは正直なかった（近畿大学時代のほうがよっぽどキツかった！）。ただ、技術に関してはプロとしてまだ足りないものがあるなとは感じた。

とはいえ、ドラフト1位（編注：2003年当時の制度で正式には「自由獲得枠」と呼ばれ、事実上のドラフト1位）で入団したわけだし、球団の宝として大事に育てられ、いずれチャンスをもらえるだろうと余裕をかましていた（本当にすみません）。

ところがプロ入りから2年が経ったある日、高田繁GM（当時）から「糸井くん、このままじゃ使えないよ。一週間あげるから、そのままピッチャーやるか野手に転向するか決めてきて」と言われてしまった。

入団してから一軍登録はなし。二軍で36試合登板、8勝9敗3セーブ、防御率

4・86。ドラフト1位としてはぶっちゃけ期待外れで、鳴かず飛ばずという印象だったのだろう。

僕は小さなころからピッチャーしかやってこなかったし、もちろんプロでもピッチャーとして活躍する自分を思い描いてきた。だから、ピッチャー失格の烙印を押されたことはショックだったし、野手転向を提案されたことにも葛藤があった。今でこそ大谷くんが〝二刀流〟として、ピッチャーとバッターの両方を高いレベルでやっているが、どちらか一本で頑張らなければならない身としては、極端に言えば180度くらい目標やモチベーションが変わるので、すぐには「わかりました！」とは言えなかった。

でも、プロ野球の世界で生き残るには〝正しい決断〟をしなければならない。

コンバートを提案されたということは、野手として素質があると見込まれたのか？

だったら挑戦してみようか？

そんなふうに前向きな気持ちを無理やり奮い立たせて、その提案を受け入れることにした。

夢の中でもバットを振っていた

しかし、未練はなかなか拭い切れなかった。決断したはずなのに、「やっぱりピッチャーっていいよなぁ」と感じたのは一度や二度ではない。100パーセント気持ちを切り替えて転向できたわけではなく、最初のころは迷いながら野手をやっていた。

そして、野手に転向した僕が向き合わなくてはならなかったのは、レギュラー争いという大きな壁。

まわりの野手は小さなころからバッティングの練習を熱心にやってきた人ばかりで、しかもその能力を買われてプロ入りしている。一方、僕はアマチュア時代から野手としての高いバッティング技術を期待されて打席に立ったことはない。打撃成績の良し悪しにかかわらず、あくまでピッチャーとしてのまわりの評価だったと思っている。

そんななかでライバルたちを蹴落としてレギュラーの座を勝ち取らなくてはならない

と考えれば、それはゼロからではなくマイナスからのスタートと言っていい状況だった。

しかも、転向して2、3年は様子を見てくれるのかと思っていたら、GMから「1年しか見ないよ」と言われてしまった。今シーズンしっかり結果を出さなければ「お前はクビ」ということ。これにはさすがの僕にも緊張が走った。

転向してすぐのころは、なるべく早く試合に出してもらえるように、バッティングと守備の技術練習、コンディショニング管理、筋トレのすべてをぎゅっとつめ込んだ練習メニューを組んでもらった。試合中でも僕だけ室内練習場に行き、打ち込みや守備練習をやったりもした。

今までの野球人生で、その時期がいちばん練習していたと思う。

「自分はほかの野手より何億スイングも遅れている。それに追いつかなくては」

そんな危機感だけが頭にこびりついて、手を血だらけにしてバットを振った。夢の中でもバットを振っていて、それもカウントに入れてしまうくらい、寝ても覚めてもバッティングのことが頭から離れなかった。

それまではバットを振り続けたことなんかなかったので、「バットってこんな重いんや」と感じたことは今でも忘れられない。

その結果、野手に転向した最初のシーズンとなる2006年は、二軍ではあるものの打率3割6厘をマーク。9月には月間打率3割9分7厘でイースタン・リーグの月間MVPを受賞した。結果を残したから言うわけではないが、「俺ならやれる」と、心の深いところでは最初から自信だけはあった（根拠はありません！）。

いま考えると、僕は厳しいことを言われないと危機感が生まれない人間だった。さすがGM、選手の性格をよく見抜いている。「このままじゃ使えないよ」と言ってもらわなかったら、僕の野球人生はどうなっていただろう……考えただけでぞっとする。

筋トレと運命の出会い

そんなわけで、野手転向1年目でなんとか結果を残すことができた僕は、2007年には開幕一軍でシーズンを迎えることができた。

しかしまぁ、あのころの僕は「頑張りさえすれば余裕やん」と、ちょっと調子に乗っていたのでしょう。結局、一軍での試合出場はたったの7試合。年間を通じて戦うだけの体力も足りていないし、一軍のピッチャーの強いストレートに勝てるパワーもじゅうぶんではないので、すぐに二軍生活に戻ってしまった。ようするに、一軍でプレーするだけの体ができていないと痛感させられた。

しかし、この気づきと、あの男との出会いが、僕の中でカチッとハマることになる。

そう、ダルビッシュとの出会いだ。

初対面という意味では、2005年に彼が入団したときに会ってはいるのだが、ここでの出会いとは、新生（ムキムキ）ダルビッシュとの出会いのことだ。

僕が一軍でプレーするようになったころ、彼はすでに開幕投手を務め、沢村賞にも輝くスター選手だった。そんな男が2008年の春、いきなりバカでかくなってキャンプに現れたのだ。

11月の納会で会ったときは、もっと細かった……よな?
たった2か月でスーツがパッツパツになってるやんか……。
アイツ、なんか変なモン打ったんか……。
心が激しく揺さぶられた。とくに後ろから見た姿がヤバかった。
あの背中、めちゃくちゃカッコええやん‼

不純かもしれないが、第1章でもお伝えした通り、「オレも男として、野球選手としてあんなふうにカッコよくなりたい!」と思ったことが、筋トレを始めるいちばんのきっかけになった。そして、そのカッコよさへの憧れと、「一軍でプレーするだけの体ができていない」という自分の課題とがハマったのだ。

というのも、体が大きくなったダルビッシュは、ストレートの威力が圧倒的に増していた。それは、「もう日本に打てるバッター、いないのでは?」と思わせるほどだった。
そして改めて、「オレにはもっと体を鍛えることが必要だ!」と思った。

アマチュア時代からずっと筋トレ自体はやっていた。ただ、それはあくまで「やるべきことの一つ」に過ぎなかった。体づくりの軸という感覚ではなかったし、目的意識もそこまで強く持っていなくて、どちらかというとメニューをただこなしていただけという感じだった。

ダルビッシュ有から学んだこと

僕は早速ダルビッシュに筋トレの手ほどきをお願いした。そして、2008年のシーズン中から球場のトレーニング場で一緒に汗を流すようになった。

ある日、ダルビッシュが僕にこんなことを言ってきた。

「僕がもし野手やったら、今よりもっと筋トレやってますよ」

マジ？　でもなるほど、僕の経験上でもピッチャーにはしなやかさも大事だから、動きの邪魔にならないレベルの筋肉量を考えているのだろう。それでも、惚れ惚れするくらい鍛え上げている。

そのダルビッシュが「野手だったらもっとやっている」と言うのだから、もし彼が野手だったらいったいどれだけイカつい体になっているんだ……。そんなことを想像すると、僕の心にも火がついた。

振り返ってみると、僕は野手になってから技術を磨くことに対する関心がとりわけ高かった。それは自分がピッチャー出身で、ほかの野手に遅れをとっていることによる焦りがあったから。まずバッティング技術を磨いて成績を残すことが認められることへの近道だと思っていたし、素振りをやって、守備練習をして……と転向後はやることが山積みだったので、体づくりに関してはバーベルを上げるより、練習でつく筋力でなんとかできればと考えていた。そのほうが二度オイシイ。

でも、本当の意味での体づくりとは、あくまでそれを目的として、必要なトレーニングをやること。彼によればそういうことになる。

また、びっくりしたのが、ダルビッシュがものすごくたくさんのトレーニング本やコンディショニング本を読んでいたこと。その知識量にも驚いた。

僕はおばあちゃんから「目が悪くなるから本を読みすぎたらあかん」と言われて（あくまでおばあちゃんの意見です）、今でもその教えをしっかり守っている。だからもともと本は読まないが、その姿勢は見習おうと思い、一流の選手たちに話を聞いたり、専門家の人たちに意見をもらったりして、少なくとも自分なりに勉強するようになった。

ただ、僕は性格的に好奇心を抑えられない。どちらかと言えば理屈よりも、やってみたい、チャレンジしたいという衝動で動くタイプ。第2章でもお伝えした通り、当時のプロ野球界では筋トレに対しては賛否両論あったが、こればかりはやってみなければわからない！

新生ダルビッシュからの衝動で、僕にとって「やらない」という選択はもはやなかった。

そして、2008年のオフから本格的に筋トレを取り入れることにした。プロ野球選手として、成績も見た目もカッコいい自分づくりをスタートさせたのだ。

「体」から「バッティング」へ

僕がプロ野球選手として使えるようになれたのは、翌２００９年のこと。開幕スタメンはもちろん、レギュラーにも定着した。オールスターの連続出場とゴールデングラブ賞の連続受賞もここから始まる。

もう、わかりやすすぎるくらい、筋トレによる肉体改造のおかげとしか言いようがない。プロ6年目、28歳になる年のことだった。

僕はもともと恵まれた体格は持っていたほうだと思うが、それだけではどうにもならなかった。明らかに筋トレで体づくりを見直してから、ようやくプロで戦うための技術を身につけられるようになったと感じている。そのことについて、試合で経験したことを交えて話していきたいと思う。

まずは、僕が野球人生でいちばん練習したバッティング部門！　とくに記憶に残っているベストプレーを三つ紹介したい。

《バッティング部門ベストプレー①》日本代表として結果を残す

2013年3月2日、ヤフオクドーム（当時。現ペイペイドーム）で行われたWBC第1ラウンドA組の開幕戦となる日本対ブラジル戦。第1章でも少し触れたが、このときの日本代表チームでは、阿部（慎之助）さんに代わって四番を任されることがあった。

この試合でも四番・ライトでスタメン出場し、4回にライト前タイムリーヒットを打った。経験したことのない独特の緊張感のなかで打った瞬間は、喜びと同じくらい「打ててよかったぁ……」と、肩の力が抜けたような安心感が強かったのをよく覚えている（ペナントレースの試合では、ほぼ嬉しさしかない）。

このWBCでは、翌日の中国戦でも満塁のチャンスでフェンス直撃の3点タイムリーツーベースヒットを打ち、第2ラウンドのオランダ戦でもスリーランホームランを打っ

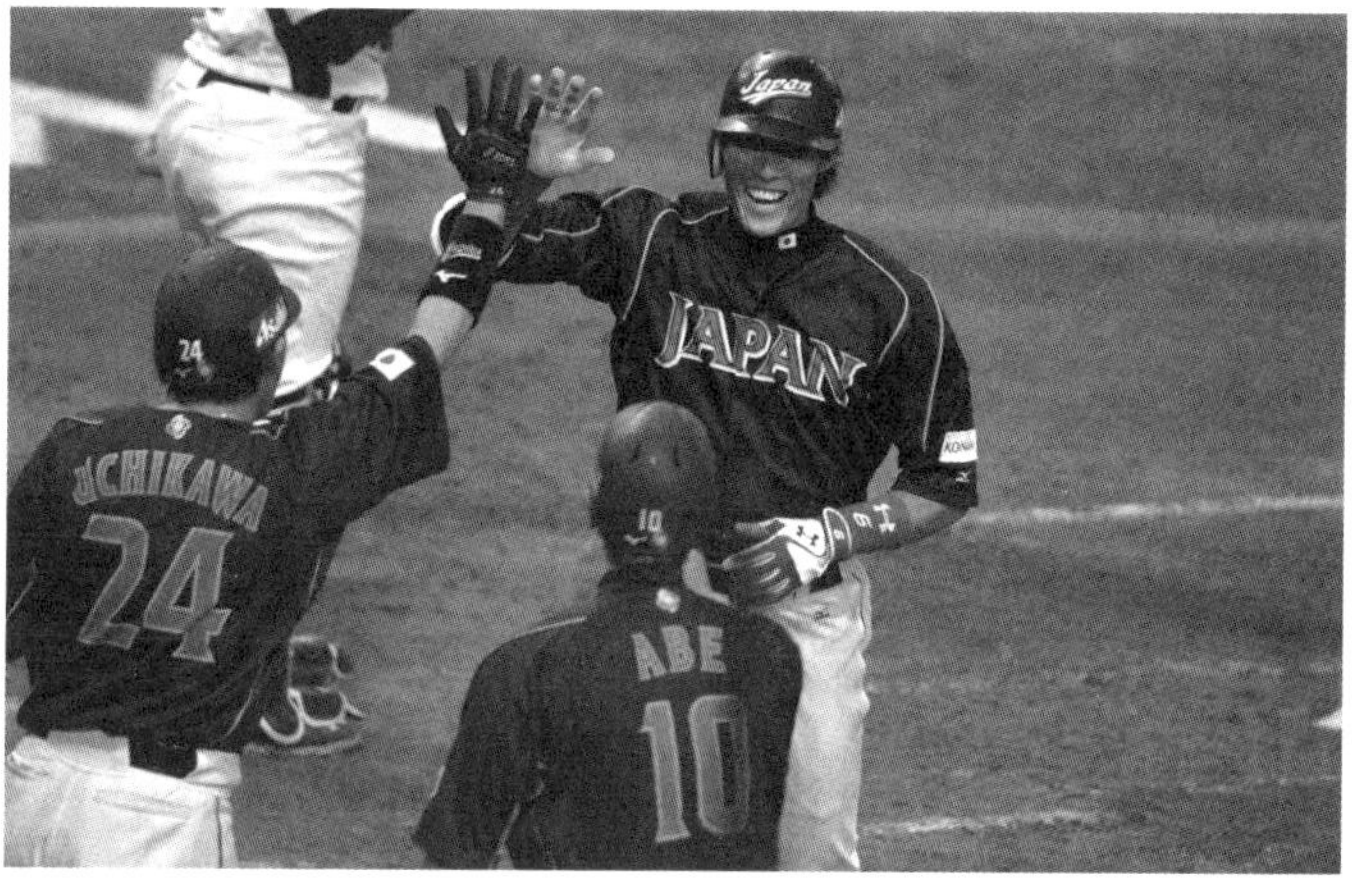

侍ジャパンのユニフォームを着てハイタッチ
内川聖一選手と阿部慎之助選手に迎えられた

た。

大会成績は、打率2割8分6厘、1本塁打、7打点。初めて対戦するピッチャー、とくに海外のパワーピッチャーたちにも対応できたのは、筋トレで力負けしないパワーはもちろん、どんな球にも対応できるフィジカル（とくにフォームを崩されないだけの体幹力と、瞬発力は影響が大きい）があったからこそだと思う。

日の丸を背負うという重圧を感じながらこうして結果を残せたことは、自分の野球人生のなかでも大きな経験になったので、自分のバッティングを語るうえではとくに印象に残っている。

《バッティング部門ベストプレー②》バファローズ時代の3打席連続ホームラン

2016年9月15日、札幌ドームで行われたファイターズ戦。この試合で、僕は3打席連続ホームランを打った。19年間の現役生活で、3打席連続はこの一回だけ。ちなみに一本目のホームランはルイス・メンドーサからの初球だったが、一人の選手の1試合3打席連続ホームランで「1回表の先頭打者初球ホームランを含む」のは、日本のプロ野球では初めてらしい。「そんなん調べるのすごいなぁ」と思ったが、いまだに僕しかいないのでちょっと嬉しい。

それはさておき、ぶっちゃけると、3打席連続ホームランはまぐれ！

ただ、このときは体のコンディショニングがうまくいっていたことを覚えている。というのも、僕はもともと夏から秋にかけてのシーズン終盤に調子が上がってくるタイプだったのだ。後半戦がとくに強いのは、ほかの選手が落ちやすい時期に、やはり筋トレ

2016年9月15日の日本ハム戦
3打席連続ホームランを打って金子千尋投手と笑顔でハイタッチ

でしっかりとパワーを蓄え、いつも体と向き合っていたからだと思う。

そしてこの試合のオチ、4打席目はファーストゴロでした……。

3連発打ったら、そら4発目も狙うでしょう！

そんな色気を出して打席に入り、力みまくってしまったことを、3発のホームランの手応えと一緒に思い出す。人生そう甘くない（それを反省し、その次のカードのホークス戦では2試合連続でホームランを打ちました！）。

《バッティング部門ベストプレーその③》阪神タイガース時代、ここぞの一発

２０１７年４月５日、京セラドームでの開幕カード、東京ヤクルトスワローズ戦。この試合は、ちょっといわくつきだ。

前日に、スワローズ（当時）のウラディミール・バレンティンとタイガースの矢野燿大コーチ（当時）が、乱闘で退場処分を受けていたのだ。僕はその試合でソロホームランを打っていたが、試合は負け。なんとなく後味の悪さが残る試合だった。だからこそ、翌日のこの試合は絶対勝たないといけない雰囲気があった。

同点で迎えた７回裏、ちょうどチャンスの場面で僕に打席が回ってきた。

カウントワンボールからの２球目。球はインコースのまっすぐ。思いっきり振った瞬間、全身の力を打球に乗せられたと感じた。自分の筋肉から生み出されるパワーが、下半身、体幹、腕を伝って、しっかりと球に乗っていた。

ライトスタンドの最上階へ決勝スリーランホームラン！

打った直後、タイガースファンの大歓声。

2009年４月８日
試合に勝って稲葉篤紀選手とスレッジ選手と喜びを分かち合う

ダイヤモンドを回りながら鳥肌が立ったのは、今でもはっきり覚えている。あれは、我ながらパーフェクトな一打だった。

お手本にした選手

僕がバッティングでお手本にしていた選手は誰かと訊かれたら、いろんな人が思い浮かぶが、いちばんにパッと浮かぶのはファイターズ時代の大先輩、稲葉篤紀さんだ。

稲葉さんは２００５年にスワローズか

らファイターズに移籍してきた。僕が野手に転向したころにはすでに超一流バッターで、２００７年にはパ・リーグ首位打者と最多安打のタイトルも獲得された。

２００９年から一軍に定着した僕が、そんな稲葉さんをお手本にしないはずがない。とくにタイミングの取り方を自分も真似できないものかと、よく観察していた。見習うべきところが多すぎて、僕以外にも多くの選手が稲葉さんから何か盗めないか、学べないかと目を光らせていたと思う。

バッティングはもちろんだが、稲葉さんのことは人としてすごく尊敬している。同じユニフォームを着たことのある選手なら、稲葉さんの温かい声がけ（やる気が出る！）や、きめ細やかな気遣い（やる気が出る！）を、一度は経験しているんじゃないかと思う。同僚にもそんなふうだから、侍ジャパンの監督としてもおそらく選手のモチベーションを上げて、東京オリンピックで金メダルを獲れたのだと思うし、納得だ。ホントにカッコよかったです、稲葉さん！

「体」から「守備」へ

次は、守備について。

守備といえば、こちらもファイターズの大先輩、新庄剛志さんがすばらしいお手本として同じチームにいてくれたことが大きい。新庄さんは僕と同じ２００４年にファイターズに入団した。メジャーリーグから日本球界に復帰して、シーズンオフの話題を独り占めしたことは、野球ファンの方であればよく覚えているだろう（くしくも、球界の話題は今もビッグボスが中心！）。

僕が一軍に定着する前の２００６年シーズン終了後に引退されたので、残念ながら一緒にプレーはできなかった。ただ、野手に転向した年まではプレーされていたので、「これが球界トップクラスの守備かぁ」と眺めていたことを思い出す。

新庄さんは瞬発力があって肩も強い、それは当然として、何よりプレーに華がある。そう感じるのは新庄さんの明るいキャラクターやスタイルのよさ（脚が長い！）もあるが、僕は打球を追いかけるときの走る姿が美しいと思った。動きがしなやかで、そのうえ躍動感もあって、球場に来ているお客さんをとりこにしてしまう魅力があった。

カッコいい人が大好きな僕は、野球少年のような気持ちで、「新庄さんみたいにプレーしたいなぁ」と憧れた。ただ、憧れの気持ちはあっても、すごすぎて正直とても真似はできそうにないと思った。

当時の僕にできることは、自分の体にしっかりと向き合って、まず一軍のレギュラー選手として使ってもらえる最低限の守備力を身につけること。新庄さんのような華のあるプレーは、いつかの目標だった。でも、いつかそこにたどり着くために努力した甲斐あって、こんな僕でもゴールデングラブ賞を7回も受賞できた。とても短い期間だったが、新庄さんの存在を肌で感じられたことは、僕にとって幸運だった。

とくに2016年、35歳になる年にも受賞できたことは、大きな自信になった。年齢を重ねても瞬発力、機動力が衰えなかったのは、やはりなかなか近づけそうにない新庄さんのような守備をめざして、ずっと体づくりをしてきたおかげだと思っている。

では、そんな僕の守備のベストプレー二つと、珍プレー（？）を一つご紹介しよう。

《守備部門ベストプレー①》バファローズ時代、ホームを刺したレーザービーム

２０１３年10月2日、札幌ドームで行われたファイターズ戦。

7回裏2アウト、ランナー一、二塁でセカンドランナーは村田和哉。2アウトのこの場面では、バッターが打った瞬間、ランナーは全力で走る。ヒットになれば、セカンドランナーはホームに突っ込んで来る。それを阻止できるかが、外野手の見せ場。

そして、バッターのミチェル・アブレイユは、ライト前にヒットを打った。

ライトを守る僕は、打球を捕ってすかさずホームへノーバウンドのレーザービーム！

結果は……アウトォォ!!（白熱）

ホームベース上での捕殺は、野球というゲームのなかでも盛り上がる場面の一つなので、やっているほうも興奮する。あの送球は、全身の筋肉の連動がとてもうまくいき、ボールにすべての力が乗った、と感じた。まさにレーザービームのようなまっすぐな低い球をコントロールよく投げられた、最高の送球だったと思う。

それ以降、ライト前ヒットのときにはランナーがほとんど三塁を回らなくなった。相手に「怖い」と思われる外野手は、僕的にカッコいい！

もちろん、いい外野手と認められたということなので、そのきっかけになった嬉しいプレーとして憶えている。

《守備部門ベストプレー②》ファイターズ時代のバウンド処理

具体的な試合日は覚えていないが、マリーンズ戦でのプレー。

里崎智也さんのセンターフェンス直撃の打球をすぐに処理して、セカンドにノーバウンドでダイレクトに返球。結果、里崎さんがタッチアウトとなった。

はっきり言って外野手経験者でもなければこの気持ちよさはなかなか伝わらないと思うが、とっても地味ながらベストプレーの一つだ。

フェンスでバウンドするボールは、跳ね返ってくる角度や大きさなどによって処理できるスピードも変わるので運にも左右されるのだが、それを予測したうえで、自分のポジショニング、捕球してから返球するまでのリズムとスピード、球のコントロール、球への力加減など、すべてがパーフェクトだった。

予測にはある程度経験が必要なプレーだが、瞬発力や力加減などは体づくりが関係してくる部分だと思っている。

《守備部門珍プレー》ファイターズ時代の〝うっかり〟捕球

２０１１年６月28日、札幌ドームで行われたロッテ戦。ファイターズ時代に僕がセンターを、中田翔がレフトを守っていたときのこと。

なんてことない普通のレフトフライが上がって、翔が落下点に入り、すでに捕球体勢に入っていた。

ところが、僕がセンターから走って行ってジャンプ！　なんと、うっかり横捕りしてしまったのだ。

当時も必死で筋トレをやっていて、その効果もあって思った以上にスピードに乗ってしまい、あまり深く考えず、捕れそうだったので捕ってしまった、そんな感覚だった。幸い衝突せずに済んだので、笑えない珍プレーにならずよかった。

守備については、ほかにも２００９年の東北楽天ゴールデンイーグルス戦でバッター山崎武司さんのセンターへの打球を、背走してナイスキャッチなど、試合の流れを変えられた印象的なプレーはたくさんあるが、いずれも強い体と瞬発力があってこそだと思う。ただ、基本的に僕の守備は打球への反応にかかっているので、うまくハマれば新庄さんのような「魅せる守備」につながるかもしれないが、集中がすぎれば珍プレーにもつながる（実際に守備のうっかりはほかにもあるので、検索しないでください）。

引退までの数年は守る機会が減ってしまったが、それでも現役である以上はトレーニングを積み、「まだまだ守れる」という気持ちだけは切らすことなく持っていた。

レフトフライを捕ろうとする中田翔選手
その打球をセンターからダッシュで横取りした私・糸井嘉男

「体」から「走塁」へ

最後は走塁、とくに盗塁についてお話ししよう。

2016年に盗塁王のタイトルを獲ったとき、すごくお世話になった人がいる。高橋慶彦さんだ。慶彦さんは打撃コーチという肩書きではあったが、現役時代には盗塁王を3回獲得していて、走塁においてもスペシャリスト。その慶彦さんに盗塁に対する意識を教わった。

それは、僕的解釈で言うと「迷うことなく、どんどん行け！」という積極性。

「いや、ざっくりし過ぎだろ！」と、慶彦さんがこれを読んだとしたら突っ込まれそうだが、慶彦さんが最後に盗塁王を獲ったシーズンは73盗塁もしたらしいから、その教えには説得力があったし、積極性で間違ってはいないはず（と、信じたい）。

さらに、当時ヘッドコーチを務めていた西村徳文さんも盗塁王を4回も獲られているし、内野守備走塁コーチで当時サードのランナーコーチャーだった風岡尚幸さんはピッチャーのクセを読むことにすごく長けている方だ。走塁を磨くにあたっては、これ以上ないくらいすばらしい環境だった。

そもそも僕が盗塁王を意識したのは、シーズン序盤の5月、新幹線で神宮球場に移動しているときに、スマホでネットニュースを見たことがきっかけだった。その記事には、「糸井が盗塁王を獲得したら史上最年長記録になる」と書かれていた。

へー、そんな記録あるんや、史上ってことは今まででいちばんかぁ、35歳で盗塁王ってすごいんかな……、そんなことを思っていたら、なんだか燃えてきた。そして、「だったら盗塁王獲ったろ！」と決意したのだ（その直後の神宮でさっそく2盗塁決めました！）。

たしかに35は、数字だけ見ればじゅうぶんベテランだが、体が動かないとか、疲れやすいとか、そういったことはまったく感じていなかった。みなさんお察しの通り、僕は火がついてしまったらもう止まらない人間。盗塁王に向けて、気合いを入れ直して筋トレ（おもに下半身）に励むようになった。

だんだん盗塁の数が増えていくと、まわりの選手もコーチ陣も「嘉男にタイトルを獲らせてあげよう」という空気をつくってくれて、純粋にそれがすごく嬉しかった。野球には、「この場面はいくな（盗塁するな）」というセオリーがある。でも、そんなことは関係なく「走っていい」「どんどんいけ」と、積極的な雰囲気をチームがつくってくれた。その結果として、35歳の史上最年長盗塁王が誕生した（当時。２０２１年に36歳だったマリーンズの荻野貴司選手に抜かれました。「あっぱれ！」です）。

この記録を更新できたのは、本当にチームのおかげだと思っている。まぁ、筋トレのおかげも半分くらいはあるかな？

盗塁部門では、ベストプレーを二つ紹介したい。

《走塁部門ベストプレー①》バファローズ時代、サヨナラ勝ちにつながった三盗

２０１６年7月28日、ほっともっとフィールド神戸でのマリーンズ戦。

9回、同点の場面にヒットで出塁し、その後セカンドまで進んだ僕は、どうにか生還したい気持ちでリードを大きくとっていた。

するとそれを見逃さなかったキャッチャーは牽制を指示。ピッチャーがクルッと回転し、ボールをセカンドへ投げる瞬間、僕はセカンドには戻らずにそのままサードへ走った！

普通ならこのあとランナーはセカンドとサードのあいだで挟まれて、タッチアウト。サヨナラのチャンスの場面で、これはさむい。ベンチはもちろん、僕がファンなら言葉にならないだろう。

ただ、このときは何も考えず、自分の走力を信じてがむしゃらに走った。三盗は見事に成功！　そして犠牲フライでホームイン。結果的にこのギリギリの三盗がサヨナラの決勝点に結びついた。「糸井、暴走」と書かれずに済んだ。

三盗は僕でもなかなか狙うことはない。このときに走ったのは、なんとかして勝ちたかった気持ちが強かったからか、魔がさしたのか、とにかくいつもよりリードが大きかったので、助かった。

決して好走塁とは言えないが、結果オーライ。ポジティブ思考で、運も味方につけるのが僕のやり方です！

《走塁部門ベストプレー②》タイガース時代、300盗塁達成！

2021年9月11日、マツダスタジアムでの広島東洋カープ戦。この日僕は、プロ野球史上31人目となる300盗塁を達成した。

シーズン序盤から状態がよかったので、本当は5月のファイターズとの交流戦あたりで決めたいと狙いを絞っていた。でも、なかなかその機会は回ってこなかった。「なんとか今シーズン中に」と思ってはいたものの、その後もヒットやフォアボールで出塁しても代走が出されてしまうことが多かった。

9月に入って残りの試合数が少なくなり、もう行けるときに行くしかない気持ちになっていた。スパイクは足に馴染んだ古いものに戻し、完全にスイッチを入れた状態だった。以前から300個目の盗塁は自分にとって特別なものになるだろうと思っていた。

2021年9月11日
マツダスタジアムで300盗塁を決めた
盗塁は英語で「STOLEN BASES」って知ってましたか？

だからこそ華々しい盗塁のシーンを思い描いていたのだが……実際はちょっと違ってしまった。

3-1でタイガースがリードして迎えた8回、ノーアウト一塁で僕はライト前ヒットを打った。これでノーアウト一、三塁。この場合、もっとも警戒されるのはサードランナー。案の定、セカンドもショートもベースカバーに入っていなかった。

ファーストランナーである僕にとっては正直すごくラクな場面で、実際に走ったあとも「はい、行けた」という感じ。いわゆる〝ごっつぁん盗塁〟だ。もうちょっとユニフォームを汚したほうがカッコよかったかなと思ってしまうくらい、僕にとって技術的には何も言うことはない盗塁だった。

それでもチームのみんなが一緒に喜んでくれたことで、いろんな思いが湧いてきた。足の手術を乗り越えての記録だったし、盗塁すること自体436日ぶり。達成できないんじゃないかという思いがチラついたこともある。絵になる盗塁ではなかったが、僕にとっては与えられた環境のなかで獲りにいった、大切な盗塁だった。

ちなみに、40歳と1か月での３００盗塁達成は史上最年長だそうだ。それまでの記録は、ホークスや埼玉西武ライオンズで活躍された秋山幸二さんの37歳と3か月。プロ野球界の偉大な先輩の記録を3年くらい更新してしまった！

この記録は、僕が日々体づくりと向き合ってきたことの集大成と言えると思う。長いプロ野球人生、これまでいいことも、わるいこともあったけれど、何があっても体づくりという軸だけはブレずにやってきて本当によかったと思えた瞬間だった。

体づくりと「走攻守」

さて、僕の野球人生を振り返って思い浮かぶベストプレーや珍プレーを紹介してきた。振り返れば、こんな企画が成り立つのも、体づくりがうまくハマり、土台となる「体」ができたからこそ、「技」もプロレベルになり、長く一線でやってこられたから。そして、野手としての「技」は、我ながら「走攻守」のすべてで発揮できたのではと思っている。

最後に、印象深い試合を挙げるならば、2014年、僕は出ていない試合だが、イーグルスの銀次選手と首位打者争いをしていて、最終戦で彼がファイターズの大谷（翔平）くんに打ち取られ、僕の初の首位打者が確定した試合。

そして何より2014年と言えば、10月2日のヤフオクドームでのホークス戦。この日、バファローズは負けさえしなければ優勝が目前だっただけに、敗れたときの悔しさは今でも忘れられない。

もちろん、ファイターズ時代に年間を通じてレギュラー出場して優勝したシーズンは、一つ一つの試合がいい思い出として記憶に残っている。

こうしてたくさんのすばらしい試合を経験することができたのも、あの日に筋トレに出会い、自分の体ととことん向き合い、飽くなき探求心と愛のもとで努力を積み重ねてきたからこそだと感じている。

2022年9月21日の引退試合
最後は左打席にバットを置いてきた

権利関係とかはどうなのかわからないが、僕が挙げた場面や試合は、今ならユーチューブで見られるものもあるはず。

「糸井　超人」でチェック！

ケガとどうつきあうか

というわけで、大学４年になって最高に輝けたものの、その裏では大きな病気や故障で野球ができない期間もずいぶんあり、超人のイメージとはほど遠い選手だったのだ。

「その体ならなんでもできちゃって、苦労なんかなかったでしょ」と思われがちだが、意外と涙を流してきてるんですよ、僕……。

たしかに最強遺伝子のおかげで、ほかの子たちよりも馬力はあった。でも、まだ体をうまく使いこなせない不安定な成長期、馬力がある分だけ関節や腱への負担は大きかったのだと思う。

僕が潜在的に「強い肉体を持ちたい」と思うのは、肉体改造で打者転向がうまくいった成功体験もあるが、そもそも青少年時代に故障が多かったことも関係していると思う。

そんな、じつは苦労人の糸井嘉男、ご存知の通り、プロに入ってからもケガや故障はけっこうしていた。引退した今でも、ここで自分のケガの歴史をリストアップするのは気が引ける。もし詳しく知りたいという奇特な方がいたらネットで調べてほしい。

だから、「そんなに筋トレしているのにケガ多いやん！」と指摘する人もいるかもしれない。しかし、お言葉を返すようで恐縮だが、僕は現役プロ野球選手として、一軍で40歳の誕生日を迎えた（僕の〝フワク〟をお祝いしてくれたタイガースのみんなありがとう！）。ケガや故障に苦しみながらも、40代まで第一線と言える場所でプレーできたのだ。

そもそもケガなんて、ほとんどの選手がしていると言っていい。それが、試合に出られないほどなのか、長期離脱になるのか、そういう差だ。ほとんどの選手は、もちろん自分の〝席〟は譲りたくないので、表に出ないケガや故障は無数にあるのだ。

「筋肉をつけ過ぎるとケガが増える」という人もいるが、僕はそう思っていないのだからそれでいい。むしろ、しっかりと体づくりに向き合ったからこそ、僕はケガや故障と「いいおつきあいができた」と考えている。

第5章

「体」から「心」へ——19年の現役生活を支えたメンタル

「挫折」じゃない、「転機」だ

第4章では、僕が野手転向後、技術練習から体づくり（筋トレ）に軸を変えたことでプロ野球選手として生き延びたエピソードを、具体的なプレーに触れながら紹介させてもらった。これだけでも「筋トレによって人生が変わった」と言っていいと思う。

ただ、筋トレが役に立ったのは、プレーの面だけではない。メンタル面でもプラスになることは、第1章でもお伝えした通り。

そこで、この章でも野球人生を振り返りながら、体づくりがいかにメンタルにいい影響を与えてくれたか、語っていきたい。

僕がプロに入ってから突きつけられた現実は、第4章でも触れた通り「ピッチャー失格の烙印」だった。２００４年、２００５年とピッチャーとして2年間プレーしたが、結果的には二軍でも鳴かず飛ばず。そこで事実上ピッチャーはクビになったので、２００６年に野手転向を決断し、二軍でなんとか結果を残せた。しかし、２００７年は開幕一軍を果たすも、ほとんどが二軍生活だった。

野手転向を提案されてからは焦りもあったし、結果が出ない期間は葛藤したり、悩んだりの繰り返しだった。打席に立つ機会をなかなか与えてもらえない、与えてもらったとしても思うようなバッティングができない、すると「やはり自分には経験が足りない。もっと練習しなくては」とまた焦りを感じ、技術力のなさで自分を責めることもあった。

野手で生きていくと決めてからも、「やっぱりピッチャーやりたいなぁ」と思ってしまう瞬間もあり、今の僕からは想像できないほど心が揺れていた。

僕にとって、まさに野球人生最大の挫折だったと言える。でも、今となっては「挫折」というより「転機」、ネガティブなものではなく「あれがなかったらヤバかった」ものとして振り返ることができている。

そんなふうに受け止められるようになったのも、筋トレに出会えたからだ。

止まらないワクワク感

繰り返しになるが、僕は2008年の春季キャンプでムキムキの新生ダルビッシュに出会い、その年のシーズン中から熱心に筋トレに励むようになった。いま改めて振り返ってみると、ちょうどその辺りから迷いや葛藤といったネガティブな感情がだんだんと薄れていったように思う。

僕はもともと好奇心がすごく旺盛で、食べ物でもファッションでも、自分が納得するなら新しいものをどんどん試したいタイプ。そんな僕が筋トレのスイッチを入れてしまったわけだから、それに対する興味、関心は止まらなかった。

おそらく当時の僕は、いつも目をキラキラさせていたと思う。自分はまだまだいける、バッターとしての伸びしろはまだまだある！　根拠こそなかったけれど、そんなふうに自信を持てるようになった。

見た目が変わったことも大きかったかもしれない。

「最近、体がずいぶんイカつくなったね」

「どんなトレーニングしてんの？」

「背中めちゃくちゃデカなってるやん！」

そんなふうに言われるのがすごく嬉しくて、あとで密かに鏡を見てチェックしたこともある。僕がダルビッシュを見たときに「カッコいい！」と思ったように、僕を見て「糸井の体すごいな」と思ってくれる人がいる。もっと頑張れば、さらに多くの人がそう感じてくれるかもしれない……そう思うと、筋トレに対するワクワク感、期待があふれるばかりだった。

筋トレは、極めようと思ってもなかなか極めることができない。だからこそ探求心がどんどん湧いてくる。あれもやりたい、これもチャレンジしたい。そんな気持ちになると、迷いや葛藤なんてすっかり忘れてしまう。いつも結果が出るのが楽しみで、またワクワクが止まらない。

これは僕の経験上言えることだが、壁にブチ当たってどうしようもなくなったとき、そこから這い上がる手段が一つでも見つかると、人は再び希望が持てるものなのだと思う。僕にとっては筋トレこそがそれだった。自分にはまだ打つ手がある。やるべきことが残されている。だったら今は余計なことは考えずに、とりあえずそれをやってから考えよう。やってみてダメだったらまた考えればいい。そんなふうに強気になれた。

僕にとって筋トレは、技術面で「成績不振からの脱出手段」だったように、メンタル面では「葛藤や迷いからの脱出手段」になってくれた。かんたんに言うと、「体」の土台があってこその「心」、というわけだ。

緊張感に飲まれず、味方にする

プロ野球選手にとって、緊張は厄介な存在だ。緊張しすぎるとプレーが固くなって本来の力を出せなくなるし、緊張がなさすぎても最大限のパフォーマンスが発揮できなくなる。緊張とうまくつき合っていくことが、プロ野球選手という仕事ではつねに求められる。

野球の試合では、チャンスの打席やピンチの守備で、とくに緊張感が高まるが、そもそもたくさんのファンに見守られている環境だし、どの試合も結果が求められるので、どんな選手でもいつも緊張感のなかにいるのが普通だ。その緊張感に飲まれてしまえば緊張する、味方にできれば緊張しない、僕はそれだけだと思う。

では、どうすれば緊張感を味方にできるか考えると、僕の場合は自分に自信を植えつけるしかなかった。駆け出しの若手は試合でつけた自信はないので、それ以外で身につけるしかない。

僕自身は筋トレと出会ってから、焦りや不安、迷い、葛藤といった感情をポジティブに転換できるようになった。そのおかげで、緊張感を味方にできたと思う。プロ野球選手として「いつもワクワクしている」「テンションが上がる」という気持ちの余裕が自信となり、そういう感覚が僕のベースにあるからこそ、緊張感もうまくコントロールできたということだ。

そして、もちろん筋トレによって体そのものや技術にも自信を持てること、「あれだけ筋トレをやったのだから絶対大丈夫だ」と自分に言い聞かせることができることも、緊張感をコントロールするための大きな要素だ。

やるべきことをやっている。しかも、最大限に。シンプルだが、これこそが自信につながり、緊張感を味方にしてくれる。

侍ジャパンの試合もそう。日の丸を背負うことで、思っていたよりもペナントレースとは違う種類の緊張感があって少し戸惑ったし、実際飲まれてしまった瞬間もあったと思う。でも、なんとかコントロールして、最終的には緊張感を味方にできた。チームとして優勝できなかったのは心残りだが、いいパフォーマンスは出せたと思う。

「頭のリフレッシュ×ガン寝」

試合を観ていてイライラすることはあるでしょうか（あるでしょうね）。

みなさんがイライラする場面では、我々選手たちもイライラしてしまうことはある。チャンスで打てなかった、守備でミスしてしまったときなどは、自分自身にイライラしてしまうもの。ほかにも、試合に出られない、チャンスを与えてもらえないといった、自分だけではコントロールできない状況でイライラすることもあるので、メンタルが整っていないと憤死しちゃうかもしれない。

プロ野球がほかのスポーツと大きく違うのは、先発ピッチャーでなければ翌日に失敗を挽回するチャンスがめぐってくる（少なくともその可能性がある）点だ。ただ、そのチャンスをしっかりモノにするには、イライラ状態からの切り替えがとても大事になってくる。

引退までの数年間、代打での出場が多かった僕は、打てば試合の流れを変えられるという大事な場面で三振に倒れてしまったことがあった（どの試合か思い出さなくていいですよ！）。そんなときこそ頭の中をリフレッシュさせるためにガンガン筋トレをやるのだが、理由はもう一つある。それは、しっかり睡眠をとってコンディションを整えるため。筋トレで心地よい疲れがあるので、その日の夜はとてもよく眠れる。そのおかげで次の日の試合には、心身ともに整った状態で臨むことができる。

僕にとって、この「頭のリフレッシュ×ガン寝」のコンビネーションがイライラした気持ちを切り替えるのにはもっとも効果がある。これぞ、筋トレなしには実践できない最強コンボだ。

リスペクトの気持ちと成長

「ライバルがいることで成長する」と一般的には言われるし、野球でもそういう競争でチーム力のアップをめざすことが多い。ただ、正直に言うと、僕は「コイツがライバルだ！」と、意識したことがない。

メディアなどが僕と似たタイプの、べつのチームの選手のことをライバルと位置づけたり、ポジション争いをするチームメイトのことをライバルと表現したりすることはあった。そういう意味ではチームメイトだけでなく、プロ野球選手全員がライバルと言えなくもないが、僕自身が特定の誰かに対して「あいつには負けたくない」と思ったことはない。だから、プロ野球選手として活躍するためにライバルがいることが絶対に必要だ、とは思っていない。

それよりも、僕は目標とする選手、リスペクトする選手はいたほうがいいと思っている。

僕の場合は、ダルビッシュみたいにカッコよくなりたいとか、稲葉（篤紀）さんみたいなバッティングをやってみたいとか、新庄（剛志）さんのような華麗な守備ができるようになりたいとか、そんなふうに思うことが僕自身をプロ野球選手としても人としても成長させてくれたし、そういう人たちとの出会いを通じて僕はいつも自分の伸びしろに期待し、ワクワクすることができた。

そして、おそらく僕の場合は、そういったすぐには届かないかもしれない、リスペクトする選手たちに少しでも近づくことが筋トレのモチベーションになり、同時に筋トレ自体がその理想像に近づくための手段にもなった。筋トレ自体は自分との戦いではあるけれど、モチベーションや刺激を外から持ってくることで、より高い効果を生むのではないかと思っている。

でも、もしあなたがライバルという存在が何よりも刺激になり、それに勝つことが成長のためになるというのなら、それも間違ってはいないと思う。

ファンは筋トレ以上の存在

僕が筋トレをするようになったいちばんの理由は「カッコよくなりたいから」だった。新生ダルビッシュを初めて見たとき、体の大きさはもちろん、そのイカつい体からみなぎる自信とオーラに圧倒された。

誰でも筋トレをやっているとだんだん自信がみなぎってくる。人前に出るときも堂々としていられる。体が大きくなって姿勢もよくなるので、もし緊張してしまっても、まわりにバレることはない。僕が筋トレによって得られた自信は、ファンや子どもたちと接するとき、メディアやイベントに出演するときなどにも密かに役に立っているのだ。

筋トレを本格的に取り入れるようになってから、まわりの人に「デカくなりましたね」「オーラすごいっすね」と言われることはよくあるし、プライベートでもよく気づかれるようになった。存在感の何かが変わったんだろうなと思う。そして、声をかけられるような機会があるたびに「みっともない体であってはいけないな」と、いいプレッシャーになって、それがまた筋トレの励みになる。

グラウンドはもちろん、私生活でも注目をあびるプロ野球選手。そういう仕事をしている以上、誰からも目標とされ、憧れられる存在であるべきだ。夢を与え続けるためにも、心身ともにいつもキレイでありたいと思っていたし、これからもそうであり続けたいと思う。ようするに「ナイスガイ！」、これですね。

そして、ファンのみなさんの存在も、メンタル面では筋トレと同じくらい、いや筋トレ以上に、とても大きなプラスの影響を与えてくれた。

大前提として、ファンあってのプロ野球だという揺るぎない事実がある。僕の考え方のベースがそこにあったからこそ、ファンのリアクションに感激することもあったし、逆に動揺してしまうこともあった。

ただ一つ間違いないのは、球場でのファンの大声援は「そのためにプロ野球選手をやっているんだ」と思えたほど、僕にとってかけがえのないものだったということ。あんなにパワーをもらえたものはないし、あんなに僕を奮い立たせてくれたものはない。一度でもあの声援を受けたことがあれば、怠慢なプレーなんて絶対にできない。

バーベルを1レップ上げるごとに、あの歓声に一歩近づいている。そう思えば、いつだってしんどい筋トレを頑張れたのだ。

困難を乗り越える力

プロ野球選手は毎日試合があるので、打てなくてつらいとか、しんどいとか、いろいろ考えていたら次の日もいい結果は出せない。先ほどもお話ししたように、とくに野手はスパッと切り替えできるかどうかがとても大事だ。

とはいえ、ずっといい精神状態を保てるほうが少ないと言っていい。おそらくみなさんも仕事においては楽しいことよりしんどいことのほうが多いと思うが、それはプロ野球選手も同じだ。

そこで、もう一つ僕が大事にしていたことがある。それは忍耐力、ガマンだ。

「抜けないトンネルはない」と思い、地味な作業でも苦しいことでもひたすら耐えて、努力だけは欠かさないようにすること。とくにケガをしたとき、故障で長期の戦線離脱をしたときなどは、忍耐力がないととても乗り越えることはできない。

僕の忍耐力は、やはり普段から体づくりと向き合ってきたことで養われた部分が大きかった。筋トレは「今日はこれをやるんだ」と自分にミッションを与え、それを乗り越えることの繰り返し。カタチは違うが、これはほとんどリハビリと同じ作業。筋トレで日々それを続けていると、自分の心をコントロールすることが習慣になってくる。その小さな積み重ねによって、メンタルが少しずつ強くなっていった。

ときには、助けてくれたり、励ましてくれたりする仲間の顔をよく思い出した（リハビリ中もそうでした）。忍耐力と向き合っているときほど、そういう人たちへの感謝の気持ちが湧いてきたので、トンネルを抜けたときにもその気持ちを忘れないように心がけていた。

とくに両親はどんなときも変わらず応援してくれていたので、恩返しの意味でもできるだけ長くプレーする姿、活躍する姿を見せて喜ばせたいと思っていた。引退した今、僕が19年の競技人生をまっとうしたことを、仲間や家族が少しでも喜んでくれていたらいいな、と思う。

メンタルとは「集中力」

メンタルとパフォーマンスの関係で何がカギになっているかというと、僕は「集中力」だと思っている。これはあくまで僕の感覚なので、ほかの選手がどう感じるかはわからない。でも、僕は集中力が高まっているときはメンタルが全体的にいい状態で、集中力がないときはメンタルが悪い状態だと判断していた。

メンタルが安定していて集中力が高いと、たとえば打席であれば投球以外のことは何も見えない、考えないという、いわゆるゾーンの状態のような感じで、だいたいなんでもうまくいく。そうでないと邪念が入ってきたり、気づかないうちに関係ないことを考えてしまったりして、当然うまくいかない。そうならないように、筋トレを通じてメンタルを整え、高い集中力を保つことが大事なのは言うまでもない。

ただ、集中力といっても、打席のような「ここぞのとき」に発揮する瞬間的なもののほかに、ずっと続けるための中長期的な集中力というのもある。この場合、僕は性格的に一つのことに集中するとほかのことができなくなるタイプ(お祭しの通り)。よく言えば、どんな物事もいったん興味を持つとそれをとことん極めたいと思う。筋トレをここまで続けられたのもその性格のおかげだと思っている。

一方で、まわりが見えずに突き進んでしまうという面もある(これも、お察しの通り)。でも、この性格自体は〝うっかり〟にさえ気をつければ、一点集中だろうと、長い集中力だろうと、どちらかと言えばプラスになっていて、道を極めなければ表舞台に立てないプロ野球選手には向いていたと思っている。これからも、そのらしさは忘れずに生きていきたい。

体づくりによってメンタルが整って、競技や人生にどんな影響があったかをお話ししたが、僕の場合「もともとメンタル強いほうですよね?」と、なぜか当たり前のように聞かれる。それはなかなか自分ではわからない。強いのかなと思うときもあるし、この本でずっと告白しているように、繊細だし、弱気になることだってある。

「メンタル強化のために何か特別なことをしていますか？」と聞かれることもあるが、僕は筋トレすることでじゅうぶん心も鍛えられたと考えているので、メンタルに特化したトレーニングなどはやったことがなかった。

唯一、護摩行のような修行をやってみたことがあったが、結局メンタルは自分自身がどう気持ちを持っていくかがすべてだと思っているし、メンタルを強化することよりもいかにストレスを溜めず、気持ちがいいと思う毎日を送れるかのほうが大事だと思っているので、上手に気晴らしすること、楽しいことをすること、ワクワクすることを重視している。

そして、ワクワクすることとなると、僕にとってはやっぱり筋トレがベストな手段というわけです！

後悔はない！

僕がもし、体づくりに目覚めず、技術を磨くことばかりに目を向けていたら……今となってはそんな自分なんてとても想像できないけれど、もしそうだったらとっくにクビになっていたかもしれない。それかメンタル的に病んでしまって、「ナイスガイ！」とはほど遠い存在になっていたかもしれない（僕はプロ野球選手である以上、ファンにも愛されたかったのです！）。

と、自分は納得しているが、アマチュア時代から「このケガさえなければ」と､ふと思ってしまうことは、もちろん数えきれないほどあった。

プロ入り後、ホームランをシーズン20本以上打てたことだって、もし故障がなければあったかもしれない（最高は2014年の19本）。故障のせいにはしないが、何が悔しいかと言ったら、やっぱりもう少しホームラン数を伸ばしたかったという思いは正直ある。

でも、幼少期、そしてプロに入ってからもケガや故障に悩まされてきたからこそ、体のことについては人一倍考えてプロ野球人生を送ってきた結果、41歳まで現役のユニフォームを着ることができた。

僕はそんな自分の歩みを誇りに思っているし、自分にとってベストな野球人生だったと自信を持って言える。

そして、選手生活を離れた今、これからも体づくりの大切さ、体を動かすことの喜び、そしてそれが人生を動かす可能性を、実際に自分がやっていくことで伝えられるような人になりたいと思っている。

だから、ずっとムキムキの糸井嘉男に、これからも期待してください！

第6章

あなたにも、体をつくって動かす、すばらしさを

車椅子ソフトボールとの出会い

２０１６年ごろ、僕の所属事務所のマネージャー阪上が「関西アンバランス」という車椅子ソフトボールのチームを結成した。仕事関係のつき合いのなかで、たまたまこの競技に出会い、仲間たちと一緒に立ち上げたそうだ。僕もチームの活動の話は阪上からたまに聞いていて、どんな競技なんだろう、機会があれば見てみたいなと思っていた。

そして２０１８年のシーズンオフ、阪上から「ようやくチームの活動が軌道に乗り始めたので、ぜひ一度見に来てください」と声をかけられた。ちょうどスケジュールも空いていたので、ちょっとお邪魔してみようかな、くらいの軽い気持ちで行ってみることにした。

しかし、この出来事が僕の価値観をひっくり返すことになった。

車椅子ソフトボールは40年以上前にアメリカで生まれ、現地ではボストン・レッドソックスやシカゴ・カブスなど、メジャーリーグ球団のサポートによって発展していったそうだ。

日本では２０１３年に日本車椅子ソフトボール協会ができて、全日本選手権などの大会も行われている（関西アンバランスも出場している）。現在、全国で22チームが加盟していて、２０２８年のロサンゼルス・オリンピックに向けて正式競技入りをめざしていると聞いた。

日本のプロ野球では、ライオンズが２０１５年から「ライオンズカップ」という車椅子ソフトボールの大会を開催していて、そこにはプロ野球ＯＢも選手として参加しているという。障害を持っていないプロ野球ＯＢも出場していることに驚いた方もいるかもしれないが、車椅子ソフトボールは障害を持っている人と持っていない人が一緒に参加できる競技。本当の意味でバリアフリーなスポーツだ。

さて、話を戻そう。

関西アンバランスの選手たちには事前に伝えず、練習場の東大阪市ウィルチェアースポーツ広場を突然訪ねてしまったのだが（阪上が僕のサプライズ訪問を演出してくれたらしい）、みんな僕のことをすごく歓迎してくれた。

じつはそれまで車椅子スポーツというものをしっかり見たことがなかったのだが、練習風景を見ていて興味を惹かれるところがたくさんあった。

「バットを振るとき、車椅子だとどうやって踏ん張るんだろう？」

「けっこう体幹を使うんじゃないか？」

「走塁の初動って、どんな感じで勢いをつける？」

「みんな腕の力はどのくらい強いんだろう？」

そんなことを思っていたら、見ているだけでは飽き足らなくなり、「僕もやってみたいです！」と参加に手を挙げた。

競技用の車椅子に乗るのは初めてだったが、想像していたよりもスムーズに乗れたので、「お、これならいけるな」と感じた。バッティングのとき、初心者には車輪の後ろ

関西アンバランスの選手たち

車椅子ソフトボールに参加
とても楽しかった！

にストッパーをつけてくれるので、それさえあれば問題なく踏ん張ることができた。そして、みなさんのご期待通り、超人の名に恥じない特大のヒットを披露してみせた。

しかし！　いざ一塁まで行こうとすると、体が思うように動かない。僕は体が大きく体重もそれなりにあるので、腕の力だけではなかなか車椅子が前に進まないのだ。こんなにも一塁が遠く感じるとは……。

そんなわけで、長打は出るものの、ライトゴロ、センターゴロの繰り返し。俺のよさ、まったく生きてないやん（涙）！

一方、みんなのプレーを見ていると、障害のあるなしにかかわらず車椅子を自在に操っていて、もはや体の一部のようになっていた。打ってからの走塁の瞬発力もすごいし、ボールを追いかけるときの外野守備なんて、「え、車椅子ってそんなに速く走れるん？」と心底驚いた。

そして、何よりみんなが車椅子ソフトボールという競技を心から楽しんでいた。なかには、若くして交通事故に遭い、脊椎を損傷して下半身不随になってしまった人や、足の切断を余儀なくされた人など、いろんな経験を乗り越えてきた選手もいた。でも、そんな壮絶な体験をしたことが想像できないほど、とても楽しそうにプレーしていたのだ。

こんな世界があったんだと衝撃を受けた僕は、この競技の普及のために自分に何かできることがあればやっていきたいと強く思った。

３００盗塁の裏にある感謝

翌２０１９年の8月、僕は試合中の盗塁で左足を負傷し、手術を受けることになった。手術後はどこにも行けないし、足が動かせないとハードな筋トレなんてもちろん無理。普段の筋トレで不安やストレスを克服していたから、体が動かせないとなるとメンタルもだんだん病んでくるが、肉体的な不自由はどうしようもない。とにかく「体を動かしたい！」。

そんなときに思い出したのが、車椅子ソフトボールだった。競技用の車椅子を使えば上半身のトレーニングにもなるし、何より楽しくリハビリできそうだと思った。さっそく阪上にお願いして段取りをつけてもらった。

競技用車椅子を使ったリハビリ中、パラアスリートの方々と触れ合う機会が増えたのだが、選手のなかに「臓器の調子が悪くなってしまったので明日から入院なんです」という人がいた。

話を聞くと、もともと健常者で事故などをきっかけに障害を持つようになった人のなかには、日常生活に復帰したあとも臓器不全になってしまったり、ほかの部位に障害が出てしまったりする人もいるという。また、障害を背負った当初は、現実を受け止めきれずにうつ病を発症してしまう人も多いと聞いた。

そして、障害を背負うようになってから、日常生活への復帰を経て競技を始められるようになるまでのあいだ、壮絶なリハビリを経験することも知った。

僕はその話を聞きながら、何事もなく普通に生きていることは奇跡のようなことなんだなと感じさせられた。そのときは僕自身もケガをして痛みに苦しんでいたのだが、僕の痛みはそのうち治まるもの。でも、彼らが抱えているのは、一生つき合わなくてはならないものだ。そんななかでスポーツをやろう、楽しもうと思えるパワーって、本当にすごいなと思った。

いつかは治るケガのことで弱音を吐くこと自体、「ありえへんな」と思えてきた。僕がやっているリハビリなんて、彼らに比べたらなんてことない。僕はそれまで鍛えてきたメンタルに加え、このケガを通じて、「それでも自分は何事もなく生きている奇跡」に感謝する心を持てて、また強くなった気がした。

その後、なんとか足のケガを乗り越え、この2年後に300盗塁を達成することになるが、それもこのときの経験があったからこそ実現できたと思っている。

どんな人にも体を動かすことのすばらしさを

その年のオフ、僕は再び関西アンバランスを訪ね、今度は紅白戦に参加させてもらった。リハビリで使わせてもらったおかげで競技用車椅子の扱いにも少し慣れていたので、今度はちゃんとライト前ヒットを打つことができた（僕のインスタに映像を投稿してあるのでぜひ見てください！）。

翌2020年のオフには、ソフトボール、バスケット、ハンドボール、ラグビー、ボッチャなど、いろんな車椅子競技ができる専用コート「東大阪市ウィルチェアースポーツコート」が花園ラグビー場の隣にできたということで、完成の二週間後にさっそく遊びに行ってみた。

このときはタイガースに協力してもらって、関西アンバランスのみんなに球団のレプリカユニフォームをプレゼントした。リハビリのときも励みになったし、彼らにはいつもパワーをもらっているので、何かそのお礼がしたいと思ったのだ。

いつも取材してくれるタイガースの番記者も足を運んでくれて、翌日の一面で競技のことを取り上げてくれたのだが、それは本当にありがたいことだった。

というのも、僕も関わってみて初めて知ったのだが、車椅子スポーツをとりまく環境は全然充実していなくて、東大阪市のように行政が力を入れている地域はまだ数えるほど。東大阪市ウィルチェアースポーツコートは障害の有無にかかわらず誰もが一緒にスポーツできる日本で初めてのコートだそうだが、そういう施設が全国各地にどんどんできるようになれば、競技がもっと広がっていくはずだ。メディアがもう少し車椅子ソフトボールのことを取り上げてくれれば、競技の普及や世の中の理解がさらに進んでいくだろう。

日常生活のなかに当たり前のように車椅子スポーツのコートがあって、障がい者と健常者が一緒にスポーツを楽しんでいる社会って、純粋にイカしてるなと思う。それを実現に近づけるために、プロ野球ＯＢである自分にもできることがあるはずなので、これからもサポートしてきたいし、ファンのみなさんにも興味を持ってもらえたら嬉しい。

この本を手にとってくれた方の多くが、もともと筋トレに興味があったり、もしくは野球が好きだったりと、スポーツとなんらかの接点があるかと思うが、もしかしたらあまり運動に自信のない人、運動する機会がない人、どうしても運動を続けられない人もいるかもしれない。だとすれば、むしろそういった運動にあまり縁のない人こそ、ぜひ車椅子ソフトボールに目を向けてみてほしい。

手前味噌だが、僕はプロ野球というトップの世界で19年間の現役生活を送ってきた。そんな僕と運動経験の少ない人が、同じ目線で楽しめるのがこの競技のいちばんの魅力。競技用の車椅子に乗る体験をしてみるだけでも楽しいから、だまされたと思って一度やってみてほしい。

生まれながらになんらかの障害を持っている人や、思いがけず障害を持つことになってしまった人も、機会があれば体験してほしい。僕が軽々しく言っていいものかわからないけれど、僕自身がこの競技に衝撃を受けたのと同じように、それまでとは違う世界に出会えるんじゃないかと思う。本当の意味でバリアのない世界を味わってみてほしいのだ。

僕はこれからもこの縁を大事にしたいので、今後も何かのカタチで車椅子ソフトボールに関わっていくことになると思う。いつかみなさんと対戦できることを楽しみにしている。もちろん、手加減はしませんよ！

体と向き合うことの大切さ

僕はプロ野球選手として、体づくりにとことん向き合って生きてきたが、車椅子ソフトボールとの出会いによって、改めて体を動かすことのすばらしさを実感することができた。

そのなかでもいちばん大事なのは、やはり「カッコいい」とか「楽しい」とか、そういう感情の部分だと思う。

スポーツは体にいいですよ、健康のためになりますよといくら言われても、楽しくなければ続かない。僕の場合は野球も楽しかったし、野球がうまくなるからきつい筋トレも楽しく感じられた。だから、みなさんも自分がどんなものだったら体を動かして楽しいと感じられるか、まずはそこから探してみるといいだろう。

野球のようにボールを使ったゲーム性の高いスポーツでもいいし、無心で同じ動作をひたすら続けることが向いている人はランニングでもいい。芸術的なタイプだったらダンスでもいい。それが人生を変える〝入口〟になってくれる。

それをもっとうまくなってさらに楽しみたい、もっと突き詰めたいと思うようになれば、いずれはトレーニングを取り入れることになるだろう。

筋トレで、日常に運動を取り入れる

第2章では、コロナ禍で注目されたおうちトレーニング的なものも紹介してはいるが、基本的にはトレーニングするならジムに行こうぜ、というのが僕の考えだ。

なぜかというと、やはりジムに行くと「よし、やるぞ」と心のスイッチが入るから。些細なことに思えるかもしれないが、このスイッチがけっこう大切。集中力が一気に高まるし、人の目があることによって自分にプレッシャーをかけることもできる。

筋トレなんかやったことがなくても、とりあえずカッコいいアパレルをそろえてジムに入会してしまえば、その瞬間から人生を変えられるかもしれない。

家で、いわゆる〝ながらトレーニング〟をしている人のことを否定はしない。でも、それだとながらなりの体しか手に入れることはできないし、僕のように「体づくりによって人生を豊かにすること」はなかなか叶わないと思う。なので、紹介してはいるものの、おうちトレーニングでは物足りないと感じてほしい。そして、人生を変えるために、すぐにでもジムで汗を流す習慣をつけてほしい！


ジムに入会したら、次のハードルは通い続けること。

「いやいや糸井さん、筋トレが本業に直結していたあなたとは違うんですよ」

とおっしゃるかもしれないが、筋トレがビジネスや日常生活にも生きることは、さんざんお伝えしてきた。大事な取引先との打ち合わせと同じように「重要度・高」で、筋トレのスケジュールを組んでみてほしい。スケジューリングは筋トレ継続のキモだ。

もう一つ続けるためのコツは、仲間をつくること。

僕には一緒にトレーニングをする、いわゆる筋トレ仲間のような人はいないが、ジムに行けばトレーナーさんがいつでも笑顔で迎えてくれるし、ボディビルダーの人たちのトレーニング姿に刺激を受けることもある。

自主トレのときは切磋琢磨できる仲間がいたし、球場に行けばゴリゴリに鍛えているチームメイトもいた。つまり、同じ目的を持っている人、トレーニングや体づくりについて話ができる、情報交換ができる人が近くにいることが大事。

そういう人種の方々は、僕の筋肉に少しでも変化があると「あれっ、またちょっと大きくなったんじゃないですか?」と、すぐに気づいて声をかけてくれる。前の章でもお伝えしたが、それがけっこうやる気をくすぐってくれて、継続するモチベーションになる。

さあ、体をつくって、動かそう！

それではおさらいしておこう。人生が変わる体づくりのステップだ。

ステップ１　「楽しい」と思えるもの（体づくりの入口）を見つける。
ステップ２　もっとうまくなって楽しむために筋トレを始める。
ステップ３　難しいことは考えず、とりあえずジムに入会。
ステップ４　重要度・高でジムに行くスケジュールを確保する。
ステップ５　刺激し合える仲間を見つける。
※運動の前後や日常生活でコンディショニングにも気を遣えばパーフェクト！

ここまで読んでくださったみなさんはすでにおわかりだと思うが、体を動かすことを何らかのカタチで生活に取り入れると、本当に人生が変わっていく。僕が車椅子ソフトボールに出会ったときのように、価値観ががらっとひっくり返ることもあって、新たな自分に生まれ変わることもできる。

己との闘い、挫折からの復活、人との出会い……スポーツにはいろんなドラマがあるが、そのすべてを振り返ってみて、改めて体づくりと真摯に向き合ってきてよかったと思う。

みなさんとも、この幸福感を共有できたら嬉しい。

第7章

体づくりと、これからの人生

あとがきにかえて

2022年9月21日、甲子園でのカープ戦。この試合が、僕の引退試合だった。5回の代打出場が、僕の現役生活最後の打席。レフト前ヒットを打ち、プロで重ねたヒットの数は1755本となった。

この本でもお伝えしてきた通り、僕はプロに入って二年で野手転向を余儀なくされた。このままでは大好きな野球ができなくなる。野球人生が終わる。それだけではない、収入源まで失って、生活ができなくなる——二十代半ばの未来ある選手だったはずなのに、若くして人生最大とも言える危機感を味わった。

ドラフト会議で指名され、喜んでいる新人選手を毎年のように見るけれど、正直「喜んでいる場合じゃないよ。来年はいないかもしれないんだよ」という気持ちがどうしても湧いてきてしまう。なぜならば、僕自身がドラフト1位で指名されたにもかかわらず、二年でクビの危機を味わったから。意地悪でも批判でもない。足を踏み入れてからがどれだけ難しい世界かを実感したからこその、率直な思いだ。

結果論かもしれないけれど、僕自身は、その危機を糧にすることができたと思う。

野手転向という出来事は、僕にとって野球人生の分岐点だった。あれがあったからこそ、危機感をつねに持ち続けることができた。

だからこそ、たとえ一年がいい形で終わったとしても、次の一年はもっとレベルアップしなければと、決して自分に満足することなく、向上心を維持することができた。トレーニングのやり方にも、それが表れていたと思う。このトレーニングは自分に合っているのか、もっといいトレーニングメソッドはないのか。変化を恐れず、探求心の赴くままにチャレンジしてきた。

最近は、時代の移り変わりとともに、厳しい環境で泥臭く野球をやるよりも「楽しもう」という風潮が高まっている。それは素晴らしいことだと思うし、野球を楽しめたら最高だと思う。

でも、僕の野球人生を振り返ると、仕事として、プロとして向き合う野球は遊びとはまったく違うものだったし、生活がかかっているものでもあったので、純粋に楽しむことは難しかったと感じる。ただ、その難しさを超えたところにある充実感、達成感を楽しさというのなら、僕はじゅうぶんに味わうことができていたのかもしれない。

プロになる前の世代、とくに子どもたちには「楽しもう」という感覚をだいじにしていてもらいたい。小さい頃はとにかくいっぱい食べて、いっぱい外で遊ぶこと。「野生児であれ！」と僕は思っている。そこで「楽しい」という感性をたくさん磨いておけば、将来きっと仕事でも、筋トレでも、趣味でも楽しみ方を知っている大人になれる。

野球のことで言えば、小学生から中学生くらいまでは「野球を好きであり続けること」を大前提として、その上でうまくなることを考えるのであれば、がむしゃらでいいから、走る力、振る力を中心に練習することをおすすめしたい。

高校生になったら、少しずつ「考えること」を始めてみてほしい。練習もトレーニングも、やらされるのではなく、なるべく自分で考えて進めていくのだ。この時期、体の成長度合いによってはスピードや飛距離が目に見えて変わってくるが、それを自分で考えながらやっていくと、より楽しさを見出せると思う。

僕が次世代の選手たちに、とくに子どもたちに伝えたいことがあるとすれば、ありきたりなのかもしれないけれど、「夢はかなう」ということだろう。

子どものころに野球を始めて41歳で引退するまで、数えきれないほど苦しい思いをしたけれど、あきらめることなく続けて、思い描いた結果が出るたびに、「ああ、夢はかなうんだな」と実感した。自分が試合で活躍できたときもそうだし、タイトルを獲ったとき、日本代表として試合に出たとき、いろんな瞬間でそれを感じてきた。

もちろん、思い通りにならないことのほうが多い。でも、困難があるたびに、あきらめず立ち向かっていくのだ。言葉でいうのは簡単だと言われるかもしれないけれど、気持ちさえ切れなければ何度でも立ち向かえるし、その力があれば夢をかなえることはできる。夢をかなえることの素晴らしさを、一人でも多くの子どもたちに経験してほしい。

引退した年、阪神タイガースでは僕だけが40代で、その下は梅野隆太郎や原口文仁、陽川尚将など、アラサー世代の選手たちだった。つまり、チームメイトのほとんどが僕と10歳以上も歳が離れていたということだ（我ながらびっくり）。

僕が抜けたことで、「精神的支柱となるベテランがいなくなった」と言う人もいる。僕のことをそのような存在だと思ってくれていたならそれは光栄だけれど、今の時代、そんなものなくてもいいんじゃないか、とも思う。

ベテランがいなくても、無理やり精神的支柱をつくらなくても、彼らの世代の中でリーダー的な存在が自然と出て来るだろうし、うまく役割分担してやっていけるだろうと僕は信じている。

僕が彼らの年齢だった頃に比べると、若い選手たちはだいぶキャピキャピしてる感じはあるが、彼らには彼らなりのチームづくりというものがあると思うので、今後の彼らの成長を楽しみに、古巣を見守りたいと思っている。

さて、ここからは、引退後の僕自身について。

引退試合のあと、じつは……しばらくトレーニングやっていませんでした！

小学校の時に野球を始めてからずっと、「野球をしない生活」というものを経験したことがなかったので、引退してしばらくはすごく不思議な感覚だった。仕事としては、もうコンディションを気にする必要もないし、トレーニングをする必要もない。

だから、引退してからしばらくは、ちょっと怠けてみたのだ。

体というのは本当に正直なもので、手をかければかけただけポジティブに生まれ変わるし、それとは反対に放置したらその分だけネガティブのほうに振れていく。

僕はトレーニングをやめてみて、いとも簡単に体重が増えた。日に日に筋肉にハリがなくなっていった。そんな自分は見たことがなかった。ある意味、貴重だった。

そして、危機感が再び僕を襲ってきたのだ。現役時代、結果的に僕を救ってくれた「危機感」が、まさか引退したあとまで僕のお尻を叩いてくれるとは……。

トレーニングをしなくなった僕の体は、なんとなく停滞しているような感じで、いろんなものがうまく循環していないような感覚だった。一言でいうと、すごく気持ち悪い。「これって健康によくないよな」という実感もあった。

トレーニングをやっていない生活自体にも違和感があって、まるで自分じゃないような感じ。自分の体への愛着も薄れてきてしまった。そして、トレーニングによって得てきたポジティブ思考も、少しずつ低下していったように思う。

トレーニングをいったんゼロにしてみて、改めて感じたこと。それは、たとえアスリートでなくなったとしても、心身ともに健康でいるためのトレーニングは欠かせないということだった。今ではトレーニングを再開し、体も少しずつ戻って来て、メンタルも前向き全開だ。

一度トレーニングを手放したことによって、こうしてその価値が再確認できたのは、大きな収穫だったと思う。僕にとっては、長い人生の中で大事な期間だった。

僕が筋トレを始めた背景に「カッコよくなりたかったから」という理由があったこと

は本書で何度もお話した通りだが、やはりカッコよさはこれからも筋トレを通じて追及していきたい思いが強い。だから、現役生活を退いても、「引退しても体型変わらないですね」「いや、むしろ現役時代より締まってますね」「いつまでもカッコいいですね」と言われる自分でありたい。

誰が名付けてくれたのかわからないが、多くの人が僕のことを今でも「超人」と呼んでくれている。せっかくそう呼んでくれているからには、これからも超人であることを保ちたい。だから、僕は引退後も怠けるわけにはいかない。みんなが僕を超人と呼んでくれることが、僕にとってはいいプレッシャーになる。そのイメージを裏切れないという思いが原動力になっていく。

その思いの背景にあるのは、やっぱりファンのみんなへの感謝だ。

正直なところ、若い頃の僕はファンへの感謝というものをあまり感じていなかった。みんな野球が好きなんだから、応援してくれて当たり前だろうくらいに思っていたかもしれない。

でも、僕が少しずつベテランと呼ばれる年齢になってきて、いいことも悪いこともたくさん経験して、それでも、どんな時も変わらず応援してくれたファンのことを、いつしか心から大切な存在だと思うようになっていた。

引退へのカウントダウンが迫って来ていたここ数年はとくに強く感じていた。

引退試合の日、試合が延長して時間が遅くなってしまったにもかかわらず、多くのファンが球場に残って僕の引退セレモニーを見届けてくれた。最後にグラウンドを一周まわった時には、一人一人の顔をこの目に焼きつけたいという思いで、みんなの顔をじっくり見させてもらった。あの光景を、僕は生涯忘れることはないと思う。

僕はみんなの顔を見ながら、これからも、この人たちのためにカッコいい自分でありたいと強く思った。見た目はもちろんだけど、人としての内面もカッコいいと言われる人間であり続けたい。

だからみなさん、これからも僕にいいプレッシャーを送ってください！　そうすれば、僕は野球人生を退いたこれからも、もっと頑張れるような気がする。

プロ野球という素晴らしい舞台で長く戦わせてもらった身として、いつまでもカッコいい自分でいることは使命だと思う。一人の男として、その努力をし続けていかなければと感じているし、その気持ちを糧に野球以外の分野でも目標に向かっていく姿勢を持っていきたい。

ここまでこの本を読んでくださったみなさん。

僕がそうであったように、トレーニングをすれば体も心も生まれ変わるし、それによって日々の生活が、人生までもが変わっていく。とくにメンタル面でのプラス効果は、みなさんの想像以上だったのではないだろうか。

この本をきっかけに、みなさんがこれからの人生で、どんなことにも強い心で向き合えるようになってくれたら嬉しいです。

トレーニングをして、みんなでカッコいい人間になりましょう！

最後に――。

ファイターズ、バファローズ、タイガース時代のチームメイト、指導者、球団関係者のみなさん。

アマチュア時代にお世話になった指導者やチームメイトのみなさん。

自主トレで一緒に汗を流した仲間たち。

支えてくれたマネージャーやスタッフのみんな。

現役時代、僕を取材してくれたメディアの方々。

いい時も悪い時も変わらず寄り添ってくれたファンの方々や友人たち。

そして野球を通じて出会ったすべての方々、僕の野球人生をたくさんサポートしてくれた両親。

長い間、本当にありがとうございました。感謝!

2023年1月　糸井嘉男

糸井嘉男　超人年表

2003	22歳	自由獲得枠で北海道日本ハムファイターズに指名される。
2004	23歳	1年目。一軍登録なし。
2005	24歳	2年目。一軍登録なし。
2006	25歳	3年目。野手に転向。9月にはイースタン・リーグ月間MVPに。
2007	26歳	4年目。開幕一軍入りするも、一軍と二軍を行ったり来たり。
2008	27歳	5年目。春のキャンプで新生ダルビッシュに出会い、シーズン中から筋トレに励むようになる。
2009	28歳	6年目。一軍に定着、プロ野球選手として花開く。オールスター連続出場とゴールデングラブ賞の連続受賞がこの年からスタートした。
2010	29歳	7年目。オフに年俸が1億円の大台を突破し、背番号を7に変更。
2011	30歳	8年目。初のタイトル「最高出塁率」を獲得。
2012	31歳	9年目。侍ジャパン日本代表に選出される。
2013	32歳	10年目。オリックス・バファローズに移籍。
2014	33歳	11年目。プロ初の4番打者を務める。初の首位打者。
2015	34歳	12年目。キャプテンに就任。通算１０００安打、１００本塁打。
2016	35歳	13年目。盗塁王のタイトルを獲得（当時史上最年長）。
2017	36歳	14年目。阪神タイガースに移籍。
2018	37歳	15年目。プロ通算１５０本塁打。
2019	38歳	16年目。左足負傷で１０３試合のみの出場も打率3割をキープ。
2020	39歳	17年目。86試合の出場に留まる。
2021	40歳	18年目。３００盗塁を達成(史上最年長)。
2022	41歳	19年目。引退。

本当にすごいぞ！　糸井嘉男

年度	年齢	所属球団	背番号	試合数	打席	打数	得点	安打	二塁打	三塁打
2007	26	北海道日本ハム	26	7	11	11	1	1	0	0
2008	27	北海道日本ハム	26	63	205	188	19	45	14	1
2009	28	北海道日本ハム	26	131	496	425	74	130	40	3
2010	29	北海道日本ハム	26	138	583	488	86	151	33	3
2011	30	北海道日本ハム	7	137	578	489	72	156	30	0
2012	31	北海道日本ハム	7	134	597	510	72	155	21	3
2013	32	オリックス	7	141	601	524	75	157	33	2
2014	33	オリックス	7	140	590	502	73	166	36	2
2015	34	オリックス	7	132	565	484	61	127	22	0
2016	35	オリックス	7	143	616	532	79	163	24	1
2017	36	阪神	7	114	493	427	60	124	16	0
2018	37	阪神	7	119	509	419	60	129	24	0
2019	38	阪神	7	103	444	382	45	120	22	1
2020	39	阪神	7	86	311	269	25	72	16	1
2021	40	阪神	7	77	119	106	8	22	5	0
2022	41	阪神	7	62	182	163	12	37	3	0
16年通算				1727	6900	5919	822	1755	339	17

一軍打撃成績

OPS	出塁率	長打率	打率	三振	死球	四球	犠飛	犠打	盗塁	打点	塁打	本塁打
.182	.091	.091	.091	1	0	0	0	0	1	0	1	0
.689	.285	.404	.239	53	2	10	0	5	13	21	76	5
.901	.381	.520	.306	93	6	46	1	18	24	58	221	15
.889	.407	.482	.309	94	10	71	1	13	26	64	235	15
.859	.411	.448	.319	91	19	59	2	9	31	54	219	11
.814	.404	.410	.304	86	11	75	1	0	22	48	209	9
.852	.384	.468	.300	93	8	66	3	0	33	61	245	17
.948	.424	.524	.331	73	14	70	4	0	31	81	263	19
.779	.366	.413	.262	78	8	72	1	0	11	68	200	17
.849	.398	.451	.306	84	7	75	2	0	53	70	240	17
.828	.381	.447	.290	62	5	59	2	0	21	62	191	17
.900	.420	.480	.308	63	8	77	5	0	22	68	201	16
.819	.403	.416	.314	63	7	52	3	0	9	42	159	5
.720	.363	.357	.268	50	3	38	1	0	2	28	96	2
.609	.269	.340	.208	37	1	9	3	0	1	18	36	3
.603	.302	.301	.227	29	2	16	1	0	0	22	49	3
.834	.388	.446	.297	1050	111	795	30	45	300	765	2641	171

※参考　日本野球機構(NPB) オフィシャルサイト https://npb.jp/

著者／糸井嘉男（いとい よしお）
Nickname：超人
Position：外野手
HT・WT：188cm・92kg
北海道日本ハムファイターズ（2004-2012）、オリックス・バファローズ（2013-2016）、阪神タイガース（2017-2022）で計 19 年間プロ野球としてプレイ。2022 年シーズンをもって現役を引退した。2013 年には侍ジャパンにも選ばれ、2014 年には首位打者、2016 年には盗塁王のタイトル獲得、ベストナイン計 5 回、ゴールデングラブ賞は計 7 回受賞している。通算盗塁数は 300 を記録した。オールスターゲームには 2009 年～ 2018 年まで 10 年連続で選出され、ファン投票両リーグ最多投票を 2 回獲得している（2013 年、2014 年）。NPB 史上初の 6 年連続「打率 3 割・20 盗塁・ゴールデングラブ賞」達成。NPB 史上 11 位となる通算出塁率 .388。NPB 史上最年長盗塁王（2016 年当時）。NPB 史上 9 位となる「打率 3 割超え 9 回」を成し遂げている。

編集協力　清水 寿朗
執筆協力　岡田 真理
デザイン・DTP　山田 浩市（山田屋意匠堂）
写真　桂 伸也・天野 憲仁（日本文芸社）
株式会社日刊スポーツ新聞社
ベースボール・マガジン社
撮影協力　ReXeR
イラスト　根本 哲也

超人《ちょうじん》ソリューション ～筋肉《きんにく》と向《む》き合《あ》う哲学《てつがく》

2023年2月1日　第1刷発行

著　者　糸井《いとい》 嘉男《よしお》
発行者　吉田 芳史
印刷所　株式会社光邦
製本所　株式会社光邦
発　行　株式会社日本文芸社
〒100-0003　東京都千代田区一ツ橋 1-1-1　パレスサイドビル8F
電話 03-5224-6460（代表）

内容に関するお問い合わせは小社ウェブサイトお問い合わせフォームまでお願いいたします。
URL　https://www.nihonbungeisha.co.jp/

Printed in Japan　112230119-112230119 Ⓝ01（210108）
ISBN 978-4-537-22067-4
（編集担当：松下）